音楽之友社
音楽指導ブック

白ひげ先生の 心に響く 歌唱指導の言葉がけ

蓮沼勇一

音楽之友社

はじめに

月刊誌『教育音楽』編集部のおすすめがあり、私の歌唱・合唱指導のノウハウを「音楽指導ブック」シリーズに加えていただくことになりました。本書の原型になった同誌連載「白ひげ先生の 心に響くことばたち 歌唱指導のキーフレーズ」、および本書のコンセプトは、「指導の表面的な悩みを解決しつつ、その背景にある大切な根源についてお伝えする」というものです。

授業や講習会の現場では、言葉も音もその場限りで消えていってしまいます。次々と過ぎ去ってしまう時間を鮮やかに蘇らせるべく、平易な文章で、なおかつそれぞれの場面が読者の方々の脳裏に再生されるように心がけました。連載中、読者の方から「まるで先生と子どもたちとのやりとりが思い浮かぶようです」と伺い、我が意を得たりの思いです。

なお、本書では連載でお伝えしきれなかったタイトルも大幅に加えました。ちなみに、私の勤務校は暁星小学校というカトリックの男子校で、課外の合唱活動も聖歌隊と称されています。その点を承知の上、読み進めていただければと思います。

本書のコンセプト

●音楽・歌唱指導のテクニックだけではなく、生活指導なども含めた日常の教育現場からシチュエーションを選び出しました。それぞれの場面でどういう言葉がけをするかを横軸、その背景にある考え方や子どもたちへの思いを縦軸に、具体例を挙げながら指導のアイディアを綴りました。
●逆効果になってしまう「NGワード」などもご紹介しました。それらはつまり、私が若い頃によく使いがちだった言葉に他なりません。
●特に若い先生や、お悩みを抱えていらっしゃる先生方のヒントとして本書を活用していただけるように心がけました。また、小学校の音楽科に関わる先生だけでなく、中学・高校の先生方、さらに教科を越え、教育に携わるすべての先生にお伝えしたい内容にしました。

教師として自分に与えられた音楽の授業をかけがえのない時間として、音楽を通して人を育てていくという覚悟が、学校の音楽教師には必要だと思うのです。ただ「教えることが好き」「音楽が好き」なだけでは、不十分なのではないでしょうか。

子どもたちというのは、私たちのそう遠くない未来を託す存在です。そう考えたら、今この子どもたちに何を伝え、遺すべきか……真剣にならざるをえないのです。

目次

はじめに　3

第1章　気持ちづくりの章　7

歌唱活動につながる、あいさつの指導　「あいさつは、心をこめて丁寧に」　8
気が散って、歌に集中できない時　「○くん？」　11
座る姿勢、立つ姿勢を正したい時　「両足を床につけて座りなさい」　14
1人で歌うことに挑戦させたい時　「上手でなくてもいいんだよ」　17
不必要な質問が殺到する時　「君はどうしたらいいと思う？」　20
子どもを叱る時　「恥ずかしいという気持ちを、絶対に忘れるな」　22
先生が間違ってみせ、謝ってみせよう　「ごめん！　先生が間違えちゃった」　25
できないことを見つけ、できるように指導しよう　「今はできなくても大丈夫だよ」　28
子どもたちに見せる、聴かせるもの　「子どもだからこそ、よいものを」　32

第2章　声づくりの章　35

怒鳴り声を、きれいな歌声にしたい時　「小さい声で歌ってごらん」　36
声が小さい時　「ひみつ練習を教えてあげよう！」　39
歌詞が聴き取りにくい時　「話すように歌ってみよう」　42
低い声しか出ない時　「低音の魅力だね！」　45
音色が揃わない時　「双子のように歌おう！」　48
変声期の子どもたちに話したいこと　「大人の入口、おめでとう！」　51
階名唱をする前に　「『ドレミファソラシド』とは、なんだろう？」　54
ハンドサインを使ってみよう　「クイズです。声に出さず、心の中で歌います！」　57

コラム　白ひげ先生のメッセージ　64

第3章　曲づくりの章　　65

選曲の時、先生が自分自身に問うこと　「この曲は、子どもたちを成長させるか？」　66
歌に表情がない・歌声が暗い時　「一緒に歌うことを楽しもう！」　69
つられる時　「つられるなんて、素晴らしいじゃないか！」　72
音程が整わない時　「できないことも楽しもう！」　75
ハーモニー(和音)が整わない時　「2つの音が融け合おうとしているかな？」　79
パート分けのコンセプト　「臨機応変に、1人ひとりのよいところが活きるように」　83
表情記号から表現をつくる時　「これはどういう質の *mf* か？」　87
指揮を見ることを学ばせたい時　「みんなで歌うことは、みんなでつくり上げるということ」　90
子どもたちのリーダーを選ぶ時　「投票した自分も責任をとれるか？」　93
ステージに向けて　「つくり上げてきた曲を、あの人に届けよう！」　95
コンクールに参加してみよう　「コンクールで、真剣勝負を経験しよう」　99

終章　　103

合唱や音楽でこそ学べることとは　104
生き生きした教師でいるために　107

おわりに　　111

第 1 章

気持ちづくりの章

歌唱活動につながる、あいさつの指導
「あいさつは、心をこめて丁寧に」

　あいさつはやっぱり大事。コミュニケーションの基本ですし、初対面の人でも、「はじめまして」や「こんにちは」、「よろしくお願いします」という言葉があるかどうかだけで、ものごとがうまく進んだり進まなかったりするでしょう？　はじまりのあいさつ1つで、**歌声が変わり、授業の流れが変わる**こともあるのです。あいさつを大切にすることから、声や音を大切にすることを伝えたいものです。

キャッチフレーズを使おう

　私は指導にキャッチフレーズを使っています。「あいさつは……」と私が投げかけると、子どもたちは「心をこめて丁寧に」と応える。キャッチフレーズや標語というのは、語調がいいですよね。「あいさつは」「心をこめて丁寧に」「そのとおりー！　ハイ、おはようございます！」……やりとりに自然とリズムが生まれる。リズムある生活の第一歩です。俳句や短歌もリズムを大切にしますよね。

> **NG**　「大きな声で元気よく」とは、私はあまり言いません。勘違いして乱暴なあいさつになりやすいからです。

　ある子が怒鳴っている時は、「元気で嬉しいけど……惜しいなー。君だったらもっといい声で、丁寧にあいさつができる」と伝えます。それから「やってごらん」と言い直させて、うまく言えたら「さすがだ！　じゃあ、これがお手本。みんなでまねしよう！」と、みんなで改めてあいさつする。きちんとあいさつをしなかった他の子にとっても自分を省みる機会になって、クラス全体がよくなります。

小さい声がふさわしいこともある

　大きな声でなくてもあいさつはできますよね。**むしろ、小さな声の方がふさわしいこともあります。**何かがもう始まっているところに遅れてやってきて、元気よく「おはようございます！」はおかしいでしょう？　場を読んだ、場に合ったあいさつができるようにさせたいですね。これはあいさつに限ら

ず、話し方全般にも通じます。

　場にふさわしくない声を出した時は、「今の、もう1度言い直してごらん」。それでもダメだったら、「もっとおだやかに言える？」。大切なのは、自分はどう思うのかを子どもたち自身に問うことです。

> **NG** 普段から騒々しいクラスの子たちに「うるさい、静かにしなさい」と言っても、直ることはまずない。つい言ってしまいますけど、先生が大声で注意しては逆効果です。

　また、幼い子がよくやる「おはよう・ござい・ます！」と語尾が上がる言い方も、日本語として正しくないのでいずれ直します。この時も、「**それで相手に言葉が伝わるかい？**」と問うんです。

場に合ったあいさつを選ぼう

　音楽の授業では、冒頭にあいさつするケースと、まず1曲歌ってからあいさつをするケースがありますね。私は最近は後者です。歌い始めは態度もバラバラですが、1番・2番と歌い進めていく間に、かなり整ってきます。落ち着きがない子、すぐに準備ができない子などが多い場合は特にこの方法をおすすめします。

　それから座ったまま「**おはようございます、お願いします**」とあいさつをします。失礼になってはいけませんが、きちんと礼にかなっていれば、別に「起立・礼・着席」でなくていいと思うんです。もちろん、型を教えるのも大切なことです。でも、もし「他の教科でもそうしているから」という理由であれば、それが本当に必要かどうか、改めて考えてみましょう。

　悲しい歌を歌う時には笑顔より他の表情が合うように、いろいろなあいさつの仕方の中から、時と場合に応じて選べるようにさせたいですね。

あいさつで全員の顔を見る

　あいさつの時には、できるだけ全員の顔を見るようにしています。いつもと違うところがあるかどうか確認し、健康状態もチェックします。顔が下がっている時は、「**顔を上げて。先生は○くんの顔が見たい！**」と言います。

　気心が知れているなら、「**下を見るのは恥ずかしがり屋か、何か悪いことをした時だ**」と付け加えたりして。子どもたちは「ええ!?」と思わず顔を上げる（笑）。「いやいやいやいや、悪いことなんてやってないよ！」って。

　1時間の授業が終わって、最後にあいさつをする時はだいたい、はじめのあいさつの指導のことは忘れていますよね。逆に言えば、終わりのあいさつがきちんとできるようになったら、もう定着したということです。

　それまでは、何週間でも何ヶ月でも同じことを言い続けるんです。「ありが

とうございました」がきちんと、溌剌とできるようになることが目標です。

「あけおめ」「ことよろ」?

　近年、「あけおめ」「ことよろ」というあいさつが流行っていますね。ある年のお正月、5年生の子が「明けましておめでとうございます、今年もよろしくお願いいたします」と丁寧にあいさつした後に、ニコッとして「あけおめ！ことよろ！」と言ったんです。きちんとしたあいさつの後だったので嬉しかったですけど、最初からそれでは困りますよね。

　その後、「もし最初から『あけおめ・ことよろ』だったら、先生は注意した。どうしてだと思う？」と話してみたら、子どもたちはすぐに「それは、気持ちが伝わらない」と答えました。「そのとおり！　あいさつは気持ちを伝えることが大切。『今年もよろしくお願いします』と相手に伝える時には、清々しい気持ちでいるはず。その気持ちが、『あけおめ・ことよろ』で伝わるかな？」と話をしました。やっぱり「あいさつは、心をこめて丁寧に」なんですよ。

気が散って、歌に集中できない時
「〇くん？」

　「子どもの特性」を考えてみましょう。まず、子どもは飽きやすい。すぐ動きたがる。中には頑張って、きちんと姿勢を正して話を聞く子もいますが、そうとうご家庭でしつけをなさっているか、特別な資質なのでしょう。それ以外は、総じて身体を動かしたがるのが子どもというものです。

　「きちんと座っていれば動かないか」といっても、実は目が動いているんですよね。つまり気持ちが動いている。何か刺激があれば気になるし、我慢もしない。興味が湧かないものにはさっぱり食いつかないし、「頑張って何かしよう」という熱意は基本的にありません（笑）。

　つまらないこと・苦しいことはいやだ、すぐ飽きる、遊びたい・動きたい、よそ見がしたい、今言いたい・今聞きたい……これが「悪い子」ではなく、ごく普通の子どもの姿ですよ。

名前を呼ぶだけでいい

　気が散ってよそ見をしていたら、**より関心を引く言葉をかければいいのです**。具体的な注意ではなく、ただ名前を呼ぶだけでも効果があります。

　たとえば、「そろそろ他のこと考えてるな。窓の外に、雲がぽっかり浮かんでる……あっ空を見てるな……」と思ったら「〇くん？」と話しかけるだけ。呼ばれてこちらを向いた瞬間、もう雲のことは忘れています。その後に「**この部分はどう歌いたいと思う？**」などと質問を続けてもいい。

　よそ見を直接指摘するよりも効果的でしょう？　みんなの前でくどくど注意されるのも、恥ずかしいですしね。

> **NG**　「よそ見しちゃダメ！」と言っても、子どもはよそ見するものです。ならば、そういう言葉は使わない方がいい。「〜してはダメ！」「〜してはいけません！」というのは、決していい言葉ではないですね。

「よそ見、はじめ」!?

　よそ見する子が少し増えてきたな、という時に使うのが、「よそ見、はじめ！」。子どもたちは「えっ!?」って驚いてから、一生懸命よそ見します（笑）。そこで「3つ数えると、みんなは、先生を見たくなります……1つ、2つ、3つ！」。

この数え方が大切なのです。「1つ……2つ……」と言ううちに、だんだん周りが静かになっていく。するとまだよそ見をしている子がいても、ふっと気づくんです。そして、全員がこちらを向ける状態になった時に「3つ！」。その後は、絶対に大きな声で話さず、集中を持続させます。
　「よそ見、はじめ」と、わざと逆のことを言う。特に低学年では、このように「楽しみながらよい習慣を身につける」手立てを工夫するといいですね。

> **NG**　「こっち見て！」と言う時もあるでしょう。でも、いつもそう言われ慣れている子は耳にたこができ、うんざりする。そうなると、先生の気持ちがうまく届きませんね。

いきなり歌い始める！

　「落ち着きがなくなったらどうする」ではなく、落ち着かせるための方策をあらかじめ備えておくことも大切です。与えられた大切な音楽の時間、工夫して最大限有効に使わなければなりません。
　たとえば、授業開始のチャイムが鳴ったら「では歌いましょう！」と、まずピアノを弾き始めて歌わせる。「きちんと席について、あいさつを済ませてからでないと活動を始めません」ではなく、いきなり歌い始めるのです。歌っているうちに、音楽に集中してきますから。その後であいさつや出席確認をしても、遅くないでしょう？

おしゃべりをきっかけに

　歌う気になっていない状態で、「もっと大きな声で」「もっとしっかり歌って」と言っても、なんら効果はありません。子どもたちに歌う動機がなければ。
　きっかけは、音楽に直接関係ないことでもいいのです。たとえば「桜の花、終わってしまったね。寂しいけど、先生はそれでも『きれいだな……』って思ったんだ。どうしてだと思う？」と語りかける。「ああ、葉っぱだ！」「そうだよ。葉っぱの芽が出てたんだ。柔らかそうな、薄い緑でとてもきれいだった。萌黄色っていうんだよね」と、少し難しい言葉を使ってみたりしながらおしゃべりをします。
　歌の内容とまったく関係ない話でも、「すごく幸せな気持ちだったから、ぜひみんなに話したかったんだよ。話せてよかった。じゃあ歌おうか」。それだけで歌声が変わります。子どもたちがみんな、同じことに思いを馳せたから。顔だけでなく、心と気持ちをこちらに向けさせるきっかけを作り出すのです。

質問はコミュニケーション

　唐突に「先生、この歌詞はどういう意味ですか？」と質問が飛んでくることがありますね。予定していた指導の流れから逸脱する質問でも、ある程度

は「おっ、いい質問ですね」と話を広げてあげましょう。

　一見、歌唱活動に関係ないように思えるでしょう？　でも、子どもが疑問を持ってそれをぶつけてくる、先生がそれを受け止めてくれるということが、先生と子どもたちとのコミュニケーションになる。**質問によって「自分が参加している」という実感が強くなり、歌への意欲も変わってくるんです。**

　私もこのやりとりが大好きなのですが、もちろん度を超すと本来の活動が滞ってしまいます。ある程度で質問を打ち切る、そのさじ加減も大切ですね。若い先生には難しいところだと思いますが、これは経験によって培われるものだと思います。

　子どものアイディアを、即座に取り入れるのもいいですね。先日、「この後は座って歌わせようかな」と思って間奏で座らせたら、歌の始まる直前にタイミングよく立ち上がった子がいたんです。「それはいい！　けじめがついて**曲に合っている。それ、いただきましょう。みんなやってみよう！**」。はじめにそうした子も、周りの子も喜ぶ。タイミングのよさと心意気で、歌の勢いも増します。

　歌を歌うことと、心のあり方とは表裏一体のところがあります。だから、ささいなきっかけで目線と気持ちを引っ張ってくるだけでも、歌は変わるんです。

座る姿勢、立つ姿勢を正したい時
「両足を床につけて座りなさい」

　よい姿勢は、一生の宝物です。腹筋や背筋は、人間が立って歩くため、座ってものごとを見たり聞いたりするために、絶対必要なのですから。

　姿勢が美しい人というのは、見ていて気持ちがいい。付け焼き刃で姿勢を改めるのと、ふと立った時にすくっと背筋が伸びているのは違います。**立ち居振る舞い、所作には知性や教養が現れますからね。**

「かっこいい」は特別！

　姿勢を正すことの価値を子どもに分かりやすく伝えるなら、「**賢く見える**」「**かっこいい**」。私はしばしば子どもたちに「**かっこよく生きろよ！**」と言います。自分も背筋を伸ばしつつ（笑）。

　歌だって、「かっこよく」歌った方がいいんです。「うわあ、きれい」も「上手だね」も嬉しい褒め言葉なのですが、「かっこいいなー、あの歌い方！」というのはまた格別。子どもたちの憧れになるのです。

足がついていると、反応が速くなる

　座り方の指示はシンプルです、「**両足を床につけなさい**」。それだけ？　と思われるかもしれませんが、低学年の子どもが足をぶらぶらさせず、床につけて座っていられるというのは、大したものなのですよ。**なぜ両足をつけることが大切かというと、そのままスッと立てるから。反応が速くなるのです。**

　それから「**おへそを伸ばしましょう**」。「背中を伸ばそう」よりも余計な力が入らず、わかりやすくておもしろいでしょう？

めざせ、「立つ人（たつじん）」！

　きちんと座っていれば、立った時も自然によい姿勢になります。ですから、特別なことはあまり言いません。

　話は少し飛びますが、本校では、サッカーの時間には「気をつけ」で背筋をそらすよう指導しているんです。だから子どもたちは、音楽の時間でも一生懸命その姿勢になろうとする。でも「**それはね、サッカーの気をつけ。音楽は違います**」と、分けて考えます。

　音楽の時は「**楽に、自然にね**」をキーワードに。背筋をそらしていたら「頑

張りすぎー！」。「力を抜いて」よりも「頑張らなくていい」と言う方がわかりやすいようです。「頑張らないで、すくっと立てたら、それが『立つ人』(達人)」！

> **NG** 「背筋を伸ばして」とか「天井から引っ張られているように」という表現は、低学年では実感が湧きづらいようですね。高学年や聖歌隊（合唱部）なら伝わりますが。

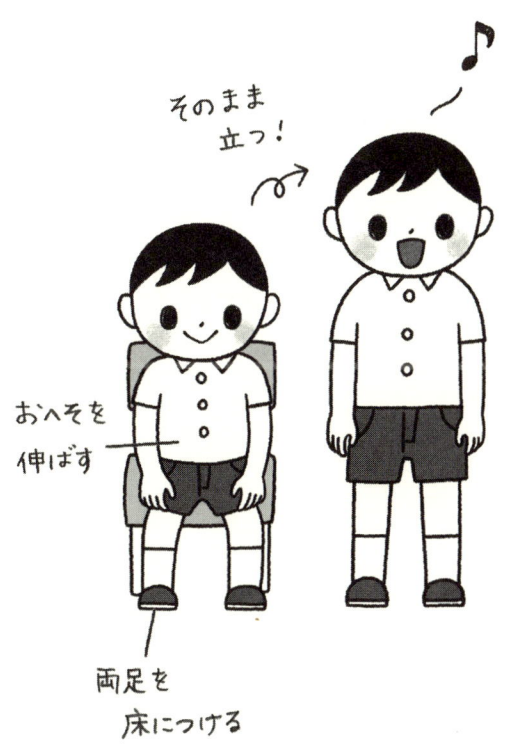

○くんに、優秀コインをあげよう！

　姿勢や授業のルールなどは、言葉がけだけでなく、実際に行動で覚えることに意味があります。クラス40人に説明して、全員がすぐにできるなんてことはめったにありません。できないことをできるようにするのが教育。なかなか身につかない子には、繰り返し同じことを言い続けることが必要です。

　そのために、私は「優秀コイン」というシステムを使っています。外国のコインをたくさんかごに入れてピアノの上に置いておき、際立って姿勢がいいとか、1人で上手に歌えたとか、困っている子に優しくできたとか、すべてのよいふるまいに対して「○くん、素晴らしい。優秀！」とコインを渡す。1時間の授業が終わる時に、コインは返却しなくてはならないのですが、代わりにシールをもらって、名簿の自分の名前のところに貼る。蓄積したシールの数が、振り返りや誇りになるのです。

　なんといっても「優秀コイン」という名前ですから、はじめてコインをも

らった時は、もう宝物あつかいです。周りの子もコインが欲しくて仕方がない、だから自分も頑張る。なかなか1枚目のコインがもらえない子には、意識して活躍の場を用意するような配慮もします。あまりにも態度が悪くて、コインをあげる機会が永遠になさそうな子もいます。でも、それをきっかけに頑張り始めることがあるのです。

　「もので釣るのはいかがなものか」とも考えましたが、子どもたちは優秀コインをすごく誇りに思っている。なぜならそれは、讃える・褒める言葉を具象化したものだからです。言葉は見えないけれど、コインは触ることができる。オリンピックでも、金メダルを獲りたいがために努力する。金メダルはただの物質ですが、その価値をはるかに超えたものがあるわけでしょう。「あれをもらうために頑張るんだ」と発奮したり努力したり、もう少し踏ん張ってみる、もう1歩前に進んでみる、そういう前向きな姿勢を作り出す目標となるのです。

　もちろん、このようなシステムにあまり興味のない子もいますし、「優秀コインがない時は全然違う人格だぞ？」という、ちょっと困った子もいますよ。でも、**音楽の年間およそ60時間だけでも、目標を見据えて頑張ってみることが、長い人生を変えるきっかけにもなりえると思うのです。**

優秀コインと名簿

1人で歌うことに挑戦させたい時
「上手でなくてもいいんだよ！」

　「1人で歌う」といっても、「他の子のお手本になるように上手に歌う」ということではありません。「1人で歌いたい！　歌わせて！」という前向きな気持ちを育てることです。もちろん、すごく緊張しますよ。子どもたちも「緊張する！」と言いますが、「でも、1人で歌うって気持ちいいだろ？」と聞くと「……うん」って（笑）。**緊張するけど、歌いきった時は気持ちがいい。その達成感を味わわせたいのです。**

　難しいように思えても、メリットは大きいですし、手順を踏めば大丈夫です。**みんなが1人で歌えるようになったら、特に歌唱活動に関してはまったく苦渋がなくなります。**これを機に、挑戦してみませんか。

「つ」がつくうちに挑戦しよう

　取り組むのは低学年の方が簡単です。音程が外れても、怒鳴り声で歌っても、低学年の子はそう気にしないですから。3年生ぐらいになるとそうはいかない。「つがつくうち」といわれるとおり、**9つ・3年生までに、1人で歌うことを当たり前にしてあげたいですね。**

　まずは8小節程度の曲、あるいは1フレーズでもいいんです。「**大きな声でなくてもいいんだよ**」「**上手でなくてもいいんだよ**」と言いつつ、挙手を募ります。短くても、1人で歌うのは大変に偉いこと。まして最初に手を挙げる子は、すごく勇気があると思う。だからそこでまず「すごいだろう！」と讃える。1人ができると、他の子もできるようになってきます。

　でも1年生では、歌えないくせに立候補する子も多い（笑）。途中でしどろもどろになってしまったら、「そうか、**忘れちゃったかぁ。残念、またチャレンジしよう**」とフォローしますが、最初の子がまったく歌えないと、やっぱり弾みがつきません。**指名する順番も大切ですね。**

　また、挙手をしていない子に歌ってほしい時には、「〇くんの声が聴きたい！」と伝えましょう。

1人ひとりの成長が見える

　1人で歌うことは、評価の機会にもなります。先生も、一斉に歌っている時に1人ひとりを評価するのはとても難しい。特別大きな声の子ならまだし

も、蚊の鳴くような小さな声は聴き取れないでしょう？　かといって、クラス全員に1人で歌わせたら、それだけで1時間が終わってしまう。だから1人で歌うのは1フレーズだけ、あるいは1時間に5人だけなどとします。

　簡単な記号で評価を記録しておくだけでも、回を重ねるうちに変化が見えてきます。そこで「○くん、すごい。**君はすごく正確に歌えるようになったよ**」と、一言コメントをする。**10秒もかかりませんが、子どもにとってはとても価値のある一言です。**「おお、ボリューム出てきた！」なんて、歓声だけでもいいんです。

　小さな声しか出ない子には、無理に「もっと大きな声で！」とは言いません。間違ったり、わからなくなったりした時には一緒に歌ってあげればいいし、途中で止まってしまったら「**よし、今日はここまでだな。次は最後まで行けるようにしようか**」、乱暴な歌い方の子には「**元気があっていいね。今度は、もっと丁寧な歌い方ができるようにしよう**」と、1人ひとりの状況に沿った言葉がけをしましょう。

子ども同士の評価の場にも

　3年生ぐらいになると、周りの子が友だちの歌を聴いて評価します。友だちの評価をしながら、「では自分はどうか」と振り返る機会にもなる。「**○くんってさ、きれいな声だよね。あとは何が足りないと思う？**」と子どもたちに投げかけると、「ボリューム！」などと答えが返ってきます。「**そうだな。ボリュームが足りないんだ。でも大丈夫、練習するうちに出るようになる！**」と、先生がまとめてあげましょう。

　ただ、ふざけたらダメですよ。他の子の歌を笑ったら、「**人が真剣に歌っているのに、どうして君は笑うんだ**」とすかさず注意します。**子どもは後から言っても覚えちゃいませんから、機を逸してはいけません。**

高学年には雑談風に

　高学年では、いきなり1人で歌う活動を取り入れるのは難しいですが、**まずはプレッシャーを与えないようにすることですね**。シーンとしたところで、みんなが聴き耳を立てていると、やっぱり歌いにくいですから。

　たとえば、練習の合間に「○くん、そのフレーズ……ちょっと歌ってみて」と、さりげなく投げかけることから始めましょう。難しそうなら「**隣の○くんも、一緒に歌って**」と、あまり「1人」にこだわらない。評価も必ずしようと思わずに、「いいじゃーん！」「いんじゃない？　ねえ、隣の人の声も聴きたくなっちゃった！」と雑談調に。

　「パートで歌う」「グループで歌う」ことから移行する方法もあります。「あれ？　このグループもうまいね。誰がうまいのかな……」なんて声をかけた時に、こちらを見返してくるのは自信がある子です（笑）。そこで1人で歌っ

てもらう。いろいろな方法で、心の鎧をはいでいきます。

楽しさを知れば、もっと歌いたくなる！

　そのうち「1人で歌いたい人？」と募っても、立候補者が多すぎて「ごめんね、今日は5名限定！」と言わざるをえなくなります。その場合、指名された5名は歌えるけど、他の子は歌えずに終わってしまう。そこで「ダメ、約束でしょ」と切ってしまうこともできますが、「んー……わかった。**最後に、手を挙げた子全員で歌って**」と言えば、合計6回で済みますし、子どもたちは「歌えた！」と満足できる。せっかく芽生えた「歌いたい気持ち」を削がないようにします。

　「次の時間は、前の時間に歌わなかった子が優先だよ」というルールも必要になってきます。それでもしらばっくれて手を挙げますけどね（笑）。いったん1人で歌う心地よさを味わった子は、何度でも歌いたくなるんです！

不必要な質問が殺到する時
「君はどうしたらいいと思う？」

「先生、ここに書くんですか？」「どこを歌えばいいんですか？」……子どもたちは少しでもわからないことがあれば、すぐに聞かないと気が済まない。しかし、複数の子から質問が殺到したら収拾がつかなくなりますね。

質問のすべてに受け答えするのではなく、状況に合わせて取捨選択したり、うまくかわしたりしなければいけません。元々の先生の説明が不明確で、多くの子どもが理解できていないなら別ですが、1人のために「じゃあもう1度説明するね」と時間を割いていては、授業はどんどん破綻してしまいます。

先生と子どもは、1対1ではない

瞬時に解決することなら、「そうです」と短く答えてあげればいいでしょう。特に最初のうちは、繰り返し教えることも大切です。あるいは「たった今言ったよ」「思い出してごらん」という返し方でもいいですね。

子どもの思考を促すなら「**君はどうしたらいいと思う？**」「**隣のお友だちを見てごらん**」。答えを直接教えるよりも、子どもたちの意識により深く働きかけられます。子どもが「**自分が見ていなかった、聞いていなかった、考えていなかったからわからないんだ**」と気づくきっかけにもなります。

なぜ最初から質問を断ち切らないかといえば、「**自分は先生に受け入れられている**」という安心感を子どもに持たせるためです。まずそれがないと、子どもは「先生の言うことを聞こう」とも思えないでしょう。

でも、やがて「**先生と自分とは、1対1で向き合っているわけではない**」と気づかなくてはなりません。「このクラスには自分だけじゃなくて、他に何十人も友だちがいる」「先生の話だけではなく、他の人の歌や演奏、発言を聞くことも大切だ」ということを知ると、子ども自身も変わってくるはずです。それでも相変わらず「先生、聞いて！　聞いて！」と言いますけどね（笑）。

「僕それ知ってる！」に応えるには

先生が説明している途中で、「僕それ知ってる！」と口を挟む子もいますね。そんな時には「そう。偉いね、君は。でもね、この中にはまだ知らない子もいっぱいいるよ。さてどうする？　先生の話、最後まで続けて聞く？　君が説明する？」と投げかけてみます。するとたいていの子は怯んで口をつぐみ

ますが、「いいよ、僕が説明してあげる！」と言う子もきっといます。

　そうしたら「そう。だったら○くん、みんなに説明して」と、１度はチャンスをあげたらいいでしょう。しどろもどろになるかもしれませんが、「だから言ったでしょ！」と責める必要はありません。「やっぱり先生の話を聞こうか」とその場を収めて、次から同じことをさせないようにします。たまに、見事に説明できる子もいますよ。それなら「よく勉強したね。君はすごいな」と褒めてあげればいい。

　他にも「その話、どうしてもしたい？」「もうちょっと待てる？」「先生、まだお話終わってないよ。どうする？」と切り返すこともありますね。「今は我慢しなさい。後で時間があったら聞いてあげるよ」でもいいと思います。子どもの顔つきや話す内容などを鑑みて、どういう対応をするか瞬時に判断しなくてはなりません。ケースバイケース……若い先生には難しいところですが、ここに挙げた返事のバリエーションだけでも、いろいろな場面で役立つと思います。

人に聞く前に、自分で考えられるように

　いうなれば、質問に「その質問が、今、本当に必要ですか？」という質問で返すのです。「そうか、話を最後まで聞いたらわかるんだ！　この質問は必要じゃなかったな」と子ども自身に気づかせることが重要です。これらのやりとりを通して「訊ねることを我慢する」「人に聞く前に自分で考える、調べる、観察する」ということを知った時には、子ども自身も「僕は先生に頼らなくても自力で解決できるようになった。前よりもお兄さんになったんだ！」という誇りを感じているはずです。

　私も若い頃は子どもに問いかけず、一方的に教えこもうとしていました。それも必要なことですが、それだけでは不十分なのです。たとえば、ちょっと賑やかな１年生とのやりとり。「楽しむことは？」「いいことです！」「そうですね。じゃあ、ふざけることは？」「ダメです！」……問答にすることで子どもたちもどういう状態が望ましいか、自分がどうあるべきか考えますし、自分の言葉に少なからず責任を感じます。

　これはある程度成長しても同じです。「君は利口になりたいか、愚か者になりたいか？」「利口になりたいです」「強くなりたいか、弱くなりたいか？」「強くなりたい」「なら、どうしたらいい？」……時間も、手間ひまもかかります。でも、結果的には「急がば回れ」の姿勢が、よい方向へつながるのです。

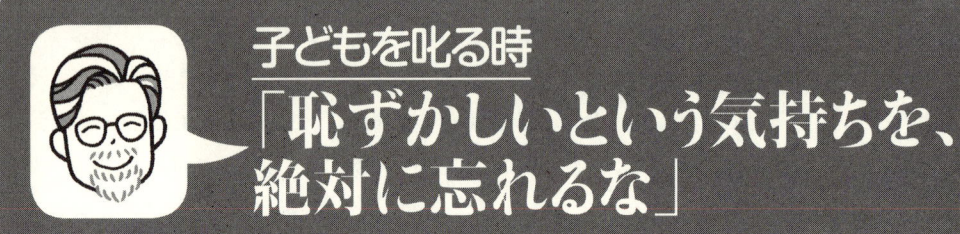

子どもを叱る時
「恥ずかしいという気持ちを、絶対に忘れるな」

　褒めることは、認めること。叱ることも、認めること。叱ることは、その子の全体を否定することではありません。悪いことをした時には、叱る必要があります。でも、「君が大切だから、君に悪いことをする人間になってほしくないから叱るんです」ということを忘れてはならない。できればさらに「では、どういう人間になるべきか」も考えさせたいものです。

「恥ずかしい」という気持ちがあれば大丈夫

　たとえば、誰かをいじめた子には「人をいじめることは、どんなに正当化しようと思っても理屈抜きに悪いことだ」と叱らなければいけません。ここで大切なのは、悪いことをした時の子どもの気持ちです。私は「どういう気持ちだった？　いい気持ちだった？　それともいやな気持りだった？」と子どもに尋ねます。してはいけないこと、悪いことをした時に、いやな気持ち、恥ずかしい気持ちになっているのならその子は大丈夫。「『恥を知れ』という言葉のとおり、恥ずかしいという気持ちは、人が絶対に忘れてはいけないことです」と必ず話します。表現を少しずつ変えながら、1年生にも6年生にも同じことを伝えます。

　あるいは、人が失敗したことを嘲笑うのもとんでもないことですね。思わず吹き出してしまうのは仕方ないと思いますが、「お前、ヘンだよ！」などと必要以上に囃し立てるのはダメでしょう。その瞬間に「○くん、やめなさい」と、短い言葉で毅然と伝えます。そういうやりとりの繰り返しが、ともに生きる社会のルールを形づくっていくのです。

褒めることも叱ることも、薬のようなもの

　子どもを励ますのは、褒め言葉だけではありません。「励ましにつながるような叱責の言葉」というのもあります。同じようなことをしていても、ある子は褒めてある子は褒めなかったり、ある子には違う言い方をしたりすることもある。叱るにしても度合いを変えたりする。それはえこひいきではなく、子ども1人ひとりの状況を考慮した結果、それが最善だと判断したからです。

　褒めるのも叱るのも、薬と同じだと思うのです。子ども1人ひとりの症状を見て与えないと毒になることもあるし、効果が出ないこともある。そのさ

じ加減は5年・10年と指導経験を重ねることで、だんだん身につくものだと思います。とはいえ若いうちはあまり慎重にならず、まずやってみること。褒めてみなければわからないし、叱ってみなければわかりません。そこで子どもがどういう反応をするかを、しっかり受け止めることです。

> **NG** フォローができないような叱り方をしてはいけません。本校は男子校なので、厳しく言い過ぎてしまったと思うことが往々にしてあります。言葉を後から取り消すことはできないのですから、もし「言い過ぎた」と思ったら、機会を見つけて謝ればいい。できれば早いうちに……特に専科の場合は、子どもと毎日会えるわけではありませんから。

「君たちにできないはずがないんだ」

ただ闇雲に「なんでできないの！」「何度言ったらわかるんだ！」「同じことをいつも言わせるな！」などと言ってみても、子ども自身が意味を理解していないのでは何にもなりません。

私の授業では基本的に、教室から整列して音楽室に来ることになっているのですが、だらしなく騒ぎながら入ってきた時は、いったん音楽室の外に出して「はい、やり直し」と言い渡します。そうして手順を踏み直すことで、教室に入った瞬間から歌い出すこともできますし、声も自然に揃うんです。**声が揃うということは、気持ちが揃うということですね。**

いくら叱られても、子どもたち自身の意識が変わらないと意味がない。なぜ叱られたか、なぜやり直しが必要かということを、絶えず説明するのです。なぜ騒ぎながら入ってきてはいけないのか。それは落ち着いて授業に取り組むため、ぶつかって怪我をしないようにするため……「**そうでなければ、整列してくる意味がないでしょう？**」と話せば、子どもたちは必ず頷きます。

その時には、「**君たちにできないはずがないんだ**」という前提で子どもたちに向き合います。「君たちはわかっているはずだし、やればできるはずなんだよ」と説けば、子どもたちも真摯に省みるはずです。

> **NG** 叱る言葉でもっとも多いのは、「うるさい！　静かにしなさい」ではないでしょうか？　おしゃべりをしている、落ち着かない、集中できない……そんな時には、つい声を荒げてしまいますね。
>
> しかし、子どもたちを落ち着かせる方法はそれだけではありません。いきなり前奏を弾き始め、歌を歌いながら気持ちを揃える方法もあるし、ハンドサインで集中を高める方法もある（57ページを参照してください）。ある先生は、子どもたちがざわつき始めたらウインドチャイムをキラキラキラキラ……と鳴らし、その清々しい音色で子どもたちの心を一瞬にして惹きつけていました。我々は音楽を教えているわけですから、授業も音楽的に進めたいものですよね。

> 「静かにしなさい」は、緊急時や子どもたちに危険が迫った時の切り札としてとっておくべきです。

「厳しさ」と「怖さ」の違い

「厳しさ」と「怖さ」、「叱る」と「怒る」の区別をはっきりつけましょう。一時の感情に任せて怒鳴りつけても、相手が驚いてしまい、信頼をなくす原因になるのでは逆効果です。子どもは「先生、怖い！」と萎縮して、その場を収めることだけを考えてしまいます。子どもたちにもその違いを理解させたいですね。「先生は、怖いんじゃなくて厳しいんだ」とか言いながら、厳しさを子どもたちと楽しむ。とはいえ、昔は私も区別がついていませんでした。子どもたちにとっては、ただ怖い先生だったかもしれません（苦笑）。

叱る時というのは、いっそう真剣になるもの。時には意図的に荒々しい口調を選ぶこともありますが、「なぜ先生は僕たちに、厳しい言葉を投げかけるのか」ということを、子どもたちがその場で理解できるよう心がけています。

子どもですからいたずらもするし、うっかり口を滑らせたりもする。ただ叱られることに怯えるのではなく、人間は褒められたり叱られたり、指摘されたり、間違いを正されたりしながら成長していくものだということや、学校とは間違いながら学んでゆく場なのだということを、まず子どもたちに理解させなくてはなりません。

叱られた子が泣く時の葛藤と成長

叱られた子が、涙を流すこともあるでしょう。周りの子がおろおろして「先生、○くんが泣いてます……」と報告してくれることもありますが、「放っておくんだ。人間だもの、泣きたい時もあるよ」と突き放します。

その子は泣きながらも、周りの言葉を聞いているものです。「泣きたい時もあるんだ。仕方がないだろう、泣けばいい。でもね、いつまでも泣いていてはいけない。いつか涙を拭いて、顔を上げなきゃいけないんだよ」などと言いながら、構わずに授業を進めます。そのうちに泣きやんでいますから。そして、授業が終わる時には「見てごらん。○くんはさっきまで泣いていたのに、今はすごくいい顔をして歌っている。偉いだろう？　これが大切なことなんだよ。○くんは絶対に強い男になる、絶対に歌がうまくなるからな！」と、みんなの前で励まします。

涙がこらえきれないぐらい何かを感じた……恥ずかしかった、悔しかった、あるいは少し不本意だったのかもしれない。だけど、涙を拭き、それを自分の中にしまいこんで顔を上げるということは、強くなるということ、強くなる方法を覚え始めたということです。しかもその葛藤と成長は、その子だけではなく、その場にいた全員のものになるのです。

先生が間違ってみせ、謝ってみせよう
「ごめん！先生が間違えちゃった」

　学級崩壊、授業崩壊の一因は……私が思うに、学校という「集団行動」の場に「私的生活優先」の考え方が広まりすぎたからではないでしょうか。「それは自分勝手だよ」と子どもをとがめても、自分勝手とはどういうことなのかがわからない。自分勝手が悪いことだと思わない。

　勝手な行動を「この子の個性だから仕方ない」というフレーズで安易に片づけるわけにはいきません。「自分が満足していれば、他の人のことは気にならない、というのを自分勝手という」「好きなことを、好きな時に、好きなようにやることをワガママというのだ」と、まず教える必要があります。

先生の自分勝手を、子どもが注意する

　そのためには、先生が羽目を外したり、ワガママをしたりしてみせるのも1つの手。たとえばみんなで歌った後、先生が好き勝手に別の曲を弾き始めてしまう。最初は子どもたちも「わーっ、なんだろう！」と盛り上がりますが、そのうち子どもたちが飽き、さらに呆れてきても適当に弾き続ける。その上「**君たちが何も言わないから、先生はいつまでも好き勝手にピアノを弾いてるよ。どうして『先生、時間の無駄だから、他の曲を早く歌おう』って言わないの？**」と子どもたちに言いがかりをつけます（笑）。

　つまり、**先生が自分勝手なことをしないように、子どもたちにチェックを頼むのです**。コミカルなやりとりなので、怪訝そうにしていた子もいつの間にか笑っています。場の雰囲気もよくなるし、「自分勝手はいけないことだ」という先生の意志も伝わる。そして、子どもたちが自ら目覚めてくれる。

　同じことを繰り返していると、そのうち子どもたちから「先生、ピアノ弾いてないで歌おうよ！」と声が上がるようになりますので、「**ああ、そうだった、そうだった。先生が悪かったね**」と自分の額でも叩いてみせます（笑）。そして「じゃあ、みんなの言うとおり歌おう」という流れにすると、子どもたちも前向きな責任を感じて歌に取り組みます。

　このやりとりは、どうも子どもたちの元気がなく、ネガティブな空気が漂っている時に、パッと雰囲気を変えるためにも効果的です。言葉による冗談だけではなく、ユーモアのある態度や行動も、子どもたちの気持ちを惹きつけます。

> 「先生が意図的にワガママな発言をしたりワガママな態度をとったりする、子どもがそれをたしなめつつ許す」という構図は、「寛容さ」を学ぶ機会でもあります。
>
> 子どもが先生のワガママを許容して、「よし、じゃあ先生のために注意してあげようじゃないか。先生がまたふざけ始めたら、僕が絶対注意してやるからな！」と待ち構えている時は、子どもの意識がとてもポジティブになっています。

謝ることも、やってみせて教える

先生はさらに、「謝って改める」ということも子どもたちに教えましょう。わざと「先生は18歳です！」などと、冗談を言ってみてはいかがでしょう（笑）。子どもたちが「えっ⁉」と本気にしたら、「あっごめん、ウソつきました。『18歳の時があった』の間違いでした」と、ウソはすぐに訂正するものだということも教えてあげましょう。

ピアノを間違えた時も、「ごめんなさい！ 先生が間違えちゃった。先生のために、もう1回歌ってください」と言う。「しょうがないから、先生のために歌ってあげるか」と思った時こそ、子どもたちはしっかり歌ってくれます。その後には「みんな、ありがとう！」という一言も忘れずに。

間違って人に迷惑をかけたなら、まず「すみません！」という言葉が出てくるはずですよね。そこで言い訳をしたり、ごまかしたりしようとするのはよくないことだというのは誰でもわかっている。それなのに、とっさにごまかそうとしてしまう。それも最初のうちは必ず、気持ちが悪かったはずです。でもそれを繰り返して、だんだんごまかすことに慣れてくると、気持ちが悪いという感覚が麻痺してくる。そうなる前の早いうちに、謝ることを教えなくてはなりません。

過ちは自分から積極的に改めた方が楽なものです。ごまかすためにいったんウソをつくと、それをごまかすためにまたウソをつかなくてはならない。ウソをつけばつくほど、本当のことを打ち明けるのが難しくなっていきます。

だから「ウソをついてしまったけど、やっぱり気持ち悪いから本当のことを言おう」と決心するのは、非常に勇気のあることですよ。「もう完全に元には戻らないけど、できるだけ戻せるように頑張ろう、より正しい方に近づきたい」とあがくのも貴いことだと思うのです。人間は神様のようには生きられないけど、「神様が喜ぶ生き方をしたい」と願う気持ちが、素敵な生き方につながるのではないでしょうか。

1度間違ったらおしまい、ではない

ある子が間違えたことを他の子が笑ってしまった時には、「どうして笑うんだ。○くんは一生懸命やって間違えたんだよ」と諭します。逆に言えば、間

違いをおそれずに一生懸命やったということ。それはとても勇気と気力のいることですよね。笑った子には、「**君は生まれてからずっと、何もかも間違えないでできたのかい？　先生は間違えないでできたことなんて、1つもないよ**」と話します。子どもはハッとしますし、「そうか、間違えてもいいんだ」という安心感も生まれます。

「失敗したらもう終わりだ、2度と認めてもらえない」と思いこんでいたり、「失敗したら先生やお父さん、お母さんに叱られる」とおそれたりするあまり、「だから、僕は絶対失敗したくない！」と思っている子はわりと多いです。失敗を極端に恐れる子ほど、難しいことから逃げたり、失敗した時にごまかそうとしたりするのも心配ですね。

まずは「1度間違ったらおしまい、というわけではない」ということを知らなければなりませんね。人は間違いをバネにして、よりよい方向へ進むものだということ。失敗した時の悔しさや恥ずかしさこそ、それを克服した時の喜びに変わるのだということを教えてあげましょう。

子どもたちから先生への挑戦状

子どもたちは先生の失敗、先生の敗北を期待しているところもあります。ある時、聖歌隊に漢字ブームが来ました。私が音楽室に行くと、難読漢字がホワイトボードに書いてある。いわゆる、子どもたちから私への挑戦状です（笑）。

最初のうちは大した問題も出しませんが、難しくなってきても簡単に白旗を上げるわけにはいきません。こっそりドアを開けて問題を盗み見してから、準備室に戻ってインターネットで調べ、おもむろに子どもたちの前に出て「**おっ、なんだこれは。これは○○と読むんだな。どうだい、君たち？**」などと余裕のふりをする（笑）。子どもたちは「参りました！」と言いつつ、次回はもっと難しい問題をひっさげてきます。

人に問題を出すためには調べなければいけない。先生を負かすために調べ物をして、そのおもしろさを知る。動機は不純かもしれませんが、子どもたちに知識欲が目覚めているのです。教えられていないことを自分の意思、自分の方法で学べるようになれば、中学や高校、大学に進学しても大人になっても、同じ手順で自己を研鑽できる。それは子どもたちの一生に関わる、非常に貴いことです。

最後には、子どもたちに「**参りました！**」と言います。子どもたちは大喜び。「自分が先生を超えた」ということは、誇らしい成長の証です。**子どもたちは先生を超えて成長していくものなのですから、先生はいつか負ける時が来る……それも教師の喜びなのです。**

できないことを見つけ、できるように指導しよう
「今はできなくても大丈夫だよ」

　「できることを見つけてあげよう」「よいところを見つけてあげよう」というフレーズは耳触りがいいですし、「『悪いところを見つけよう』なんて言ってはいけない」という風潮もありますね。でも、悪いことやできないことから目をそらしたり、なかったことにしたりしてはいけません。

　できることよりも、できないことを見つける。課題を見つけてあげて、それが習熟するまで学習させてあげることの方が、教育にとって大切な作業なのではないでしょうか。できないことを責めるのではなく、成長のチャンスだと思えるようにしてあげたいものです。

今できなくても、永遠にできないわけではない

　できないことは「今はできなくても大丈夫だよ」と励ませばいいのです。「心配しなくていいよ」「これからだよ」でもいい。今できなくても、永遠にできないわけではありません。

　できないことに対して、そのような前向きな言葉を繰り返していると、たとえば今まで音程が狭かった子がふっと高い音を出せた時に、周りの子から自然に拍手が上がったり、「○くん、すごいじゃない！」と褒め言葉が出たりする。褒めてばかり、できることばかり挙げ連ねていてもそうはなりません。「できなかったことが、できるようになった」ということがポイントなのです。

> 　最初からできる子は褒め、認めます。それも、その子だけに向けて言葉をかけるのではありません。表面上はその子のやったことを褒めますが、その中に「僕もできればそうなりたい」という気持ちを育てるようなニュアンスが必要です。「僕にできないことが、○くんはできる」ということも、大いに自覚させればいい。他者を認める、尊敬するとはそういうことです。互いの能力や才能、努力して培ったものなどが明らかになっている方が、認め合う気持ちも生まれやすい。ただし、絶対に妬みや行き過ぎた劣等感を持たせないように配慮しなくてはなりません。

　「わかりましたか？」「ハーイ！」と子どもがよい返事をしたところで、「わかること」と「できること」もまた違います。歌唱活動では特に顕著ですよね。

「目指す歌い方」を充分に理解しても、具体的にどう工夫すればその歌い方に近づけられるか……それは実際に歌ってみなければ、絶対にできるようにはなりません。理屈より実践です。

あるいは、できたかに思えても必ずまた誰かが失敗する。それもまた、繰り返し学習のチャンスになります。方法を学び、繰り返し繰り返し練習して、**やがて技術が習慣として子どもの中に染みついたところで、はじめて「子どもの意志」**が生かせるようになるのです。

お兄さんたちも、かつてはできなかった

低学年の子どもたちにとっては、「自分たちはできないけど、お兄さんたちができること」というのも大きな目標になりますね。「**お兄さんたち、みんな上手に歌っているね。でも、お兄さんたちも1年生の時はあんなふうに歌えなかったんだよ**」、そこには「君も絶対歌えるようになるから、一緒に頑張ろうよ」というメッセージが入っています。

本校では月に数回、全校児童が校庭で歌う時間があります。1年生には意図的に事前練習の時間をあまり設けず、まず「お兄さんたちの歌を聴いてごらん」と上級生の歌声を聴かせます。驚いた1年生に「すごいだろう？ よし、**君たちもお兄さんたちのようになろう**」と呼びかけて、音楽の時間での練習につなげる。そこで「**えっ、もう歌えるようになったの？ 君たちはすごいなあ。今度はお兄さんたちと一緒に歌えるな！**」と言えば、子どもたちは鼻高々です。

次回、上級生に交じって自信満々に歌えたら「**君たちはスーパー1年生だ。歌の天才、手を挙げて！**」1年生は胸を張って挙手します。高学年は自分たちもそう言われて育ったので、ニヤニヤして見てますけど（笑）。でも、彼らも「1年生が僕たちの姿勢を見ている、歌声を聴いているんだ」と思うと真剣になりますよね。かっこ悪いところは見せられないですから。

時間が合えば、授業中に1年生を高学年の教室に連れていき、一緒に歌ってもらいます。「お兄さんたちはすごいなあ！」と目を丸くしながら音楽室に戻り、「じゃあ、**お兄さんたちみたいになれるように練習するぞ！**」と授業を再開すると、子どもたちの意気ごみはすさまじいものです。

「頑張ったから、できた」は揺らがない自信

そのうち、1ステップ上に行くために「苦しさを乗り越える」という体験もしなければならなくなります。そんな時には、「**逃げてもいいよ、でも逃げたら到達しないよ**」「**できそうなんだけど、惜しいなあ**」「**よし、チャレンジするか！**」と励まします。

そんな言葉をかけながら、何回もやっているうちにできるようになる。はじめはまぐれだとしても、1度できたことは必ずまたできます。その時には「で

きたじゃない！」と惜しみなく歓声を上げましょう。「頑張ったから、できた」それがすごく大切なことだと思うんです。「苦しかったよな。本当にできるようになるのか、不安になったこともあっただろう。でも、できたじゃないか」。

「以前は『そんなことできない』と思っていたことが、今はできるようになった」と実感した時の子どもは、大きな自信を持ちます。裏づけのある自信は、絶対に揺らぎません。

励むのも いやになるのも、ささいな一言

　歌は苦手であまりやる気もなかった子が、別の分野では意外に張り切ることがあります。たとえば、手が大きくて指の腹に厚みがある子は「**君の指、すごくきれいだね。とてもリコーダーに向いてる！**」そんな一言がきっかけで、リコーダーの練習に打ちこむようになりました。子どもの心に火をつけるのは、本当にささいなことなのです。「よいところを見つけて伸ばそう」というのも、このようなきっかけ作りとしては効果的ですね。**よいと思うことを少しでも見つけたら、惜しまず口にすればいいのです。**

　かといって「全員を同じ回数だけ褒める」というような配慮はしていません。できないことはできないことなのですから、無理して褒めようとは思いません。特に最初のうちは、自分ができているかできていないかもわからない状態なのですから、生半可な褒め言葉ではかえって混乱します。前向きな言葉を多用しながらも、自分ができないことを認識しつつ、できるようになるための努力を一緒にしてあげる……その過程こそが大切です。

　がむしゃらに「頑張れー頑張れー」と言っても仕方ありません。さまざまな褒め言葉や励ましの言葉、あるいは友だちの何気ない一言が、子どもを奮い立たせます。ただし、いやになるきっかけも何気ない一言ですよ（笑）。

教え合いで 育つのは、教える側の子

　リコーダーなどは、どうしても習熟度に差ができるものですね。私は全員が足並みを揃えて教材曲に取り組むことを基本にしつつ、個人練習の時間にはできる子はどんどん先に進んでいいことにしています。支援が必要な子には「**先生と、周りのお友だちと、どちらに習いたい？**」と本人に選ばせ、「**友だち**」なら「**先生になってくれる人！**」と立候補を募る。課題が先に進み、腕に自信のある子たちは、誰かに教えたくてうずうずしているものです。たくさんの立候補の中から、教わる本人が先生役を指名します。

　きちんと頭を下げて「教えてください」とお願いさせ、「**師範代、○先生でーす！**」と呼ぶと、先生役になった子はいっそうキリッとします。自分を指名してくれた友だちのために、教え方を工夫し、根気よくサポートにあたりますよ。その甲斐あってできなかった子ができるようになったら、本人も嬉しいし、先生役の子も同じぐらい嬉しい。中には「もう無理！　僕には教え

られない！」と音を上げる子もいます。その場合は「そうだろ？　教えるって難しいことなんだよ。おつかれさま、じゃあ先生が代わるよ」と。それもまた、教えることの苦労を知る勉強です。

　先生役になった子は、リコーダーが得意でも算数が苦手かもしれない。それなら算数が得意な子に教わればいい。そんな人間関係が作れるクラスにしたいものです。**助けてあげる、助けてもらう……「優しさ」とは、そんな経験の中でこそ育まれるものではないでしょうか。「実力がないと、強くないと本当の優しさには辿りつけない。優しくなりたかったら強くなりなさい」「『強さ』とは、腕力のことだけじゃない。いちばん大切なのは知恵と思いやりだ」**と話すこともあります。

「大事件」をいっぱい起こそう

　ある日の１年生の授業でのことです。それまで全然自信が持てなかった子が、１人で歌う場面で手を挙げました。音程もあまり取れないし、声も小さい。けれど、最後まで歌いきった。私は手放しで褒め称えて、優秀コイン（15ページ参照）をあげました。そうしたら、ある子が「ええっ、それでコインをあげちゃうの？」と声を上げたのです。「僕はみんなに聴こえる声で上手に歌えた時にやっとコインがもらえるのに、○くんはあのレベルの歌で良しとされるの？」と疑問に思ったのでしょう。

　こんな時には「どうしてそういうことを言うんだ！」とたしなめるよりも、**「ああ、いい質問だね」と説明してあげればいいのです。「あのね。○くんははじめて１人で歌ったんだよ。それなのに最後まで歌い通せたじゃないか。これはすごいことだろう？」**と諭したら、その子はハッとして頷きました。彼は大切なことに気づいたんですね。それも勉強です。

　かつては歌えなかった子が、ある日１人で歌えたら、子どもたちにとっては大事件です。「すごーい！」と声が上がり、自然に拍手がこぼれる。このような、いい意味での大事件をいっぱい作ってあげたいですね。**人の失敗を笑ってしまうのも子どもの性、人間の性かもしれませんが、人の成功を喜ぶということも、人間がもともと持っている性です。**どちらをより育むべきかは明らかですよね。他人の成功を、ともに喜べる人間になってほしい。そしてその先にあるのは、切磋琢磨し合える理想の人間関係だと思うのです。

　それが、学校教育の大きな目的の１つでしょう。「ともに生きる」とはよく言われるフレーズですが、形のないものだけに、それを具体的に味わえる機会はなかなかない。でもそれを実感し、学ぶ場が学校なのです。

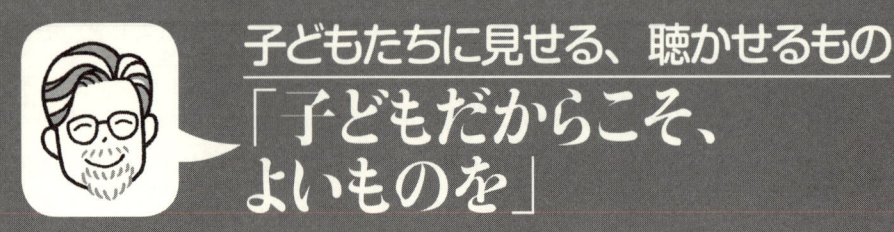

子どもたちに見せる、聴かせるもの
「子どもだからこそ、よいものを」

　子どもの、「まねをする」才能は素晴らしいですよね。たとえば「幼稚園生の声で歌って」と言えば本当にそうやって歌うし、さらに「じゃあ1年生の声は？　3年生は？　5年生は？　中学生は？」と言っても、全部歌い分けてみせる。日常で接する膨大な情報から、無意識のうちにイメージを掴みとって、それを再現する……それは、大人より子どもの方がはるかに得意です。だからこそ、**与える情報の質は非常に重要なのです。**

先生の声は、身近な「本物」

　歌唱指導では、先生が範唱してみせる場面が多いでしょう。私はいろいろな合唱団の声を聴く機会がありますが、子どもたちは基本的に指導者の先生と同じ声をしています（笑）。でも意外に、先生自身にはそれを教えているという認識はないかもしれませんね。先生や子どもたちが意識しているにしろいないにしろ、**先生の声が合唱団を支配します。**だから、「こう歌ってほしい」というのを伝える時は、言葉で説明するよりもまず、先生が歌って示してあげればいいのです。

　とはいえ、学校の先生の中には不幸にして声帯を壊してしまった方もいますね。歌えない事情がある場合はそれなりに歌える子を見つけて、「○くんのまねをしてみて」と先生の代わりに歌ってもらいましょう。

その名も〈ごほうびタイム〉！

　CDなどを使うこともあるでしょう。最近は音質もかなりよくなりましたね。でもその場合も、できるだけ美しいものを聴かせてください。

　どうせ聴かせるなら……私の授業には、〈ごほうびタイム〉というものがあります。その日に計画していた授業内容を全部終えて、おっ、5分余ってる……そうしたら〈ごほうびタイム〉です。イギリスのボーイズ・ヴォーカルユニット「リベラ」のDVDをよく視聴させています。〈ごほうびタイム〉という名前や、「いつも聴けるものじゃなくて、時間がない時、自分たちが頑張れなかった時はもう聴けないものなのだ」と思うと、「これは素晴らしいごほうびなんだ」という意識も湧きます。

　子どもの心をとらえるのは、「おもしろいもの」か「美しいもの」です。「お

もしろいもの」は巷にあふれていますから、学校で「美しいもの」に触れる機会を作ってあげることも大切だと思います。

> 〈ごほうびタイム〉に輪唱をやることもあります。輪唱はゲーム性も高いので、子どもたちも大好き。『蚊のカノン』（小山章三作詞／ハンガリー民謡）なんか、季節性とユニークな歌詞で夏にはぴったりです。「今日やること全部終わっちゃった。おっ、5分残ってるね。ねえねえ、この曲知ってる？」と、気軽に輪唱を挟めばいかがですか。
> 「合唱の導入には輪唱がよい」とは昔からいわれていますが、むしろ輪唱は、何十分も続けてやるようなものでもないでしょう。〈ごほうびタイム〉のような細かい時間を利用した、数分ごとの積み重ねが、合唱の確かな基礎力になりますよ。

芸術鑑賞会のワクワクを、授業につなげる

芸術鑑賞会などの行事も、上質なものに触れられる貴重な機会ですね。限られた授業時数をやりくりして行うのですから、「当日ただ鑑賞して終わり」ではなく、日常の指導にも結びつけたいものです。本来ならしっかりとした事前指導があり、当日を経験して、事後指導でまとめ、という流れを指導計画に組みこむのが理想だと思いますが。

本校ではある日、タップダンスの鑑賞会が行われました。世界的な活躍をしている卒業生がかっこいい演技をしてくれて、子どもたちもそれはそれは興奮して「アンコール！　アンコール！　もっと見たい！」と大騒ぎだったのですがそうはいかない。それで、「わかったわかった、今度の授業で、先生とタップダンスをやろう」と言って子どもたちをなだめました。

そうして約束をしてしまったので、その後1ヶ月ぐらい、音楽の授業のうち5分程度がタップダンスの時間になりました。子どもたちにもなじみの童謡『おんまはみんな』（中山知子作詞／アメリカ民謡）を歌いながら、4小節のタップをみんなで練習しましたよ。まったく予定外のことでしたが、音楽科の最終的な目的は、音楽に慣れ親しむということ。そのためにはビート感を身につける音楽を体験させる活動も貴重です。**子どもが興味を持って、歌ったり体を動かしたり聴いたりすることが楽しくて仕方がないと思えること、子どもの眼がらんらんと輝くようなことを見つけたのなら、それに時間を割いてあげたいと思います。**

機器によって、聴こえるものは変わる

オーディオ機器も、予算の中で可能な限りよいものを選びます。会計には「そんなに高いんですか！」と言われますが（笑）。その代わり、いったん購入したら10年、20年と使います。オーディオならまずアンプ、それからスピーカ

ーに重点を置きます。音質や解像度を左右するのは主にその2点ですね。

　もちろん間に合わせの、音質の悪いラジカセで授業をしなければならないこともあるでしょう。ただし、その時には**聴こえるものが変わるということ**、**別の環境ならば聴こえるはずのものが聴こえないということ**も忘れずに。「ここでは音楽の構造を理解するために聴く」「メロディーを聴き取るために聴く」などとねらいを整理しておくべきです。「この演奏の素晴らしさを味わってほしい！」というねらいなら、できるだけ環境を整えることも欠かせない要素の1つです。

　私には若い頃から、嫌っている言葉があります。「子どもだからどうせわからないよ」「子どもに本物を与えても意味がない」……私は、それは違うと強く思う。子どもだからこそ、よいものを与えなければ。**子どもだからこそ感じられること、子どもの時にしか身につかないこともたくさんあるんです。**

子どもたちが、教師を超えて羽ばたいていくために

　予算や準備時間、行政や学校の考え方など、さまざまな事情もあるでしょう。でも、「許される中で最高のものを」と、こだわることが大切だと思うのです。そのためには先生自身の目利き・耳利き……よいものを見極める能力を高めていかないと、子どもたちにもよいものを与えられませんよね。決して「私は誰よりも目が肥えていて、耳が鋭くて……」なんて驕っているつもりはありませんが、それでも「世の中には、レベルの高いよいものがたくさんあるのだ」ということは知っているつもりです。

　子どもに与えたいものは、具体的には**「少なくとも自分を超えるもの」**……変な表現ですけれど（笑）。「子どもをどこまで育てたいか」という目標を立てるとしたら、「自分（教師）を超えること」なんです。子どもたちは、私と同じところで留まってはいけない。子どもたちが私を通って、超えていくことが嬉しいんです。それはつまり、私自身が研鑽して、自分自身の質を上げていかないと、子どもの質も上がっていかないということ。だから教育に携わる人間は、自分自身も研鑽を積むことが大前提だと思います。

　それから、子どもの能力を信じること。どんな子でも必ず、私と違う素晴らしいものや、他の子と同じように見えてもちょっと違う能力を持っている。子どもたちは将来、どういう世界に行くかわからない。私の教え子にも、第一線で活躍している子（もう大人ですが）がいっぱいいます。世界一のダンサーになった子もいるし、音楽ユニットを組んでブレイクした子、政治家になった子もいます。みんな私の想像のつかない分野で、私を超えて活躍している。だからこそ今、目の前にいる子どもたちにも、**私が考えうる最上のもの、私が与えられるものすべてを与えておかなければならないと思うのです。**

第2章

声づくりの章

怒鳴り声を、きれいな歌声にしたい時
「小さい声で歌ってごらん」

　「怒鳴るな」と言うのは簡単ですし、そう言いたくもなりますよね。歌う意欲を潰さないようにしながら怒鳴り声を直すのには、時間も根気も必要です。それでも、「急がば回れ」です。

　「自分の声はいい声。自分はとっても歌がうまいんだ！」と思いながら怒鳴り声で歌っている子、いますよね。のどをキュッと締めて、朗々と歌う子……（苦笑）。

一生懸命な子は まず褒める

　まずはどんな声で、どんな歌い方でもいいから、**歌わなければ始まりません**。入学したての１年生にも、幼稚園や保育園で歌ってきたように歌ってもらいます。重要なのは、やはり「歌いたい！」「歌うぞ！」という気持ちをできるだけ削がずに、怒鳴り声を修正してあげることです。

　一生懸命、意欲的に歌っている子には、「**本当に君は、歌が好きなんだね！**」「**うわー、すごいな、歌の天才！**」と、まずは褒めてあげましょう。でも褒められて「今度はもっと頑張ろう」と思うと、力が入って乱暴な歌い方になってしまったり、「もっと大きな声を出そう」と思うあまりに、のどが締まったりする可能性があります。

　また、大きな声で歌うと音程が取りにくくなりますから、音が外れたり、一本調子になったりすることもあります。悩ましいのは、その時にどういう声がけをするか……ですよね。

> **NG** 「大きな声で」「元気よく」「口を大きく開けて」とはよく言いがちですが、私は極力言いません。子どもたちが勘違いするからです。歌への意欲や心構えを教えたいならば、このような言葉が効果的なこともありますが、私はそれでも言わないようにしています。

世の中には 美しいものと 汚いものがある

　大切なのは、世の中には美しいものと汚いものがあることに気づかせることです。子どもに「君はどっちを選ぶの？」「どっちになりたいの？」と尋ねるのです。怒鳴り声で歌っていたら、「じゃあ、今歌った君の声は？　美しい？

汚い？」と問いかける。それから「美しい声を心がけて、もう1回歌ってみようか？」。それだけでもう変わります。

今までの人生経験の中で、美しいものと汚いものがあることは子どもたちもわかっています。どの歌声がきれいでどの歌声が汚いのか、君はどっちの声になりたいのか。そう問いかけた時に「怒鳴り声の方が好き」と言う子はいません。

レガートな曲なのに、不似合いな元気いっぱいの声で歌っている時もありますね。ある日、2年生で『ともだち賛歌』（阪田寛夫作詞／アメリカ民謡）を賑やかに歌った後、厳かな聖歌を歌ったのですが、2曲を同じような声で歌ったらそぐわないですよね。この時には、「君たちは、この曲にその声が合っていると思うのかい？」と問いました。「その声じゃないだろう？」って。

小さい声なら、周りの声が聴ける

では、どうすれば美しい声に近づけるのか。怒鳴り声が聞こえた時は、「**大きな声はいいんだけど、大きな声と乱暴な声とは違うんだよ。小さい声で歌ってごらん**」と言います。小さい声で歌うことによって、周りの声が聴こえるでしょう。**大きな声で歌っているうちは周りの声は聴こえないんです。**「**大きな声でなくていいんだよ**」とも言いますね。

それから「**もっと楽に歌えばいい**」。彼らは、頑張って歌っているんです。本人はいたって真面目に、真剣に歌っている。この心持ち自体は、とてもよいことでしょう。そう思うと明らかに何も考えずに、がーっと声を張り上げている子の方が注意しやすいんですよね……。

> **NG**　「頭から発声して」「お腹を使って」というような技術的な言葉は、低学年に言ってもあまり伝わらないようです。言葉でそれを伝えるのは、高学年になってからで充分。ある程度歌えるようになってからがいいでしょう。

〈きく〉の五段活用！

それから、もっとも大切なのは「きくこと」。漢字の学習が進んだ頃に、「〈きく〉の五段活用」という話をします。〈きく〉と読む漢字はいろいろありますよね。黒板に書きながら、子どもたちと語り合うんです。

1つ目は〈聞く〉。これは門の中に耳があるから、「耳で聞く」という意味ですよね。

私たち音楽教師がよく使うのが次、2つ目の〈聴く〉。この漢字には「心がある」とよくいわれますが、目もあるんです。「先生、目なんてどこにあるの？」と子どもが首をかしげたら、「見つからないかい？　……ものごとは、縦と横から見る必要がある。目が横になっているじゃないか」。**目と心を十分に使い、見聞きする気持ちが心に充ちているということです。**

37

この辺から、子どもたちとのやりとりがおもしろくなるんですよ。3つ目は〈訊く〉。目と心でものごとを捉え始めると、ものごとがだんだんわかってくる。わかってくると、「わからないことがわかってくる」のです。だから訊ねるようになるんだと。訊ねるようになったら、4つ目は「薬が効く」の〈効く〉。薬が効くように効果が表れ始めて、ここではじめて人間が育ってくる。
　最後、5つ目は〈利く〉です。子どもたちに「この漢字は知ってるかい？」と投げかけたら、「それ、目利きの〈利き〉です」と答えた子が1人いました。まさに、「ものごとがよくわかるようになる」ということです。「利する」と読めば、自分に引きこむという意味になりますね。
　〈聞く〉〈聴く〉だけでなく、他の〈きく〉も、音楽に欠かせないものですよね。もちろん、他の教科にも人生においてもです。〈きく〉ことは、考える力や察する力、そして、表現する力に結びつくのです。

声が小さい時
「ひみつ練習を教えてあげよう!」

　なぜ声が小さくなってしまうのでしょう？　「僕はあまり上手じゃない。歌いたいんだけど、上手に歌えない」……そういう気持ちから入るから構えてしまって、声が小さくなるんですよね。まずはそれを取り去ってあげることが、大切なことだと思います。「上手じゃなくていいんだ、今のままでいいんだ」と。
　その上で、「もし君が望むなら、もっとしっかり歌えるようになれる。そのための方法を教えよう」。そこで登場するのが、この「ひみつ練習」。副鼻腔やお腹を使った発声を学んで、しっかりした歌声にするためのトレーニングです。本校では1年生から取り入れています。

ひみつ練習1

主に、副鼻腔（鼻の裏側にある空洞）を響かせることを覚えるためのトレーニング

①まずピースサインをします。子どもたちに見せて「これ何？」と聞くと、「Vサイン！」「2！」とか言う子もいますけど。
②ピースを鼻に持ってきて、鼻をつまんで「おはようございます」と言ってみましょう。
③鼻をつまんだまま話をしたり、簡単なフレーズを歌ったりしてみる。もちろん、1曲全部歌ってもいいですよ。
④最初は鼻声になりますが、それを、鼻声から副鼻腔を鳴らす発声に移行させるのが目標です。指を離した時も豊かな副鼻腔の響きで歌えるようにするのです。
⑤まずは何も考えずに、鼻をつまんで歌ったり話したりし続けるだけでOK。鼻声で歌い続けるとそのうち辛くなってくるので、自然にそれを避けようとして声を響かせる場所（副鼻腔）を覚えてきます。

ポイント
●鼻の先ではなく、奥の方を使うイメージを持つと、副鼻腔を響かせることをつかみやすいでしょう。
●最初は鼻の穴がふくらむ感じがするかもしれません。鼻の先に息を抜こう

とするからですが、鼻の先に副鼻腔はありませんのでそれは間違いです。何度か試すうちに、鼻の付け根を通って、目と目の隙間の奥に並んでいる副鼻腔……そこを響かせる感覚がわかってきます。

〈副鼻腔のイメージ〉

● 副鼻腔を響かせられるようになった結果、息を省エネで使うようになり、長いフレーズを歌えるようにもなります。

> **NG** 物をつまむように親指と人差し指を使うと、力が強くかかりすぎて鼻血が出てしまうことがあります。一生懸命な子ほど特に……。ですので必ず人差し指と中指、「ピース」でやりましょう。

ひみつ練習2
主に、お腹の使い方を覚えるためのトレーニング

① 肩と水平になる程度に両ひじを上げます。ひじを上げることで、脇腹が引き上がり、声の張りが変わります。脇腹を引き上げることは、腹筋・背筋を使う訓練にもなります。

② 最初はすごく腕が疲れますが、短時間でも1〜2週間続けているうちに辛くなくなります。1ヶ月もすれば筋肉がついて、平気で数曲を歌い通すことができるようになりますよ。

ポイント

● ひみつ練習2をやりながら、両手の人差し指で鼻の穴をふさぐと……ひみつ練習1と2を同時にやることになるわけです！（右下図）
● ひみつ練習1・2とも、効果が出るまで時間はかかりません。その場で効果は実感できますが、今後も歌う時の習慣にするといいです。

> **NG** ただし、ひみつ練習を取り入れた直後は、一時的に声量が下がります。響く場所を探し当てるための時間がかかるためですが、数分で解決します。ひみつ練習を試してみて「声が小さくなってしまった」と思っても、諦めずにもう少し続けてみてください。

「ひみつ」だからワクワクする

「ひみつ練習」は別に秘密にすることでもないのですが、"ひみつ"と言った方がモチベーションが上がるでしょう。「これは誰にも教えちゃいけないよ！」とか言いながら、秘密を共有するのってワクワクするでしょう？「俺たちって特別なこと、すごいことをやっているんだぜ！」という気持ちになれる。

「ひみつ練習」では、あえて不自由さ、負荷をかけることで、人間に備わっている「不自由さを克服しようとする能力」を発揮させます。「声が出しにくくなる→なんとかしなければ→声を出しやすい方法を探る」という動機を、トレーニングに利用するのです。

> **NG** 指導においては、「副鼻腔が……」とか「お腹の使い方が……」とか、あまり理屈から入らない方がいいです。ボールキックの種類をたくさん学んでも、ボールを蹴らないとサッカーはできない。まずとにかく声を出していく中で、あえて不自由さを与え、それを克服して自然にいい声になっていく、というのがねらいなんです。

習ったことを自分で使えるようになろう

「ひみつ練習」を習ったら、他の曲を歌う時にも自分で取り入れる子が出てくるでしょう。それも、最初にやるのは普段ふざけているような子だったりする。なにせ"ひみつ"ですから、おもしろがってやるんですよ。

そこで「〇くんはすごい。先生がさっき教えたことを、もう自分で使ってるよ。習ったことはいっぱい使えばいい。先生に言われる前に自分でやり出すなんて、さすがだねえ！」と言うと、他の子もいそいそと「ひみつ練習」を始めます（笑）。

歌詞が聴き取りにくい時
「話すように歌ってみよう」

　一昔前はよく「口を大きく開けて歌いましょう」といわれていましたね。しかし、(何を歌っているのか)言葉が聴き取れない演奏も多かった。必要以上に口を動かせば言葉は聴き取りにくくなるものなのに、とにかく「口を大きく開ければ、歌声は響く」と考えられていたんですね。

　参考になったのは、ヨーロッパの合唱団でした。彼らが歌う日本語の歌は、抑揚は不自然でも、歌詞が非常に聴き取りやすい。それは、**響き、サウンドとともに言葉がある**からです。発音をはっきりさせるには、口先の動かし方だけを指導しても不充分なのです。

明瞭な発音のためのひみつ練習

　前述の「ひみつ練習1・2」(39ページ)に引き続き、お腹や副鼻腔を使ってはっきりした発音をするための「ひみつ練習」を紹介します。

　あごや下唇を動かさずに話したり歌ったりしようとすると、不自由さを感じ、それを克服しようとしていろいろな部位を使うことになります。このひみつ練習をやりながら、逆の手でお腹に触ってみると、うんと動いていることがわかります。

ひみつ練習3

3・4とも、お腹を使った響きのある声・明瞭な発音を学ぶ練習／副鼻腔を響かせることにも慣れる

①片手の人差し指を立てて、「シーッ」のポーズ。
②その人差し指で、下唇とあごを押さえつけます。
③できるだけあごを動かさないように、上唇だけを使って話をしたり、歌ったりします。
④どうしてもあごがガクガク動いてしまう場合は、もう一方の手で押さえます(右図)。
　日頃いかにあごが動いているか、いっそう実感できます。
⑤慣れてきたら、指の位置を少し上げ、上唇も押さえてしまいましょう。

ポイント

- まず発音が難しいのは「ハヒフヘホ」。練習するうちに「お腹を使うと、もっとはっきり発音できる」ということに気づきます。
- 次は舌も使って「ラリルレロ」、さらに、本来なら上下の唇を合わせて使わなくてはいけない「パピプペポ」「バビブベボ」「マミムメモ」に挑戦しましょう。
- できるだけあごを動かさないようにするには、お腹を使うしかない。こうして楽しみながら訓練します。

ひみつ練習4

①片手の親指を前歯で挟みます。「親指を歯に挟んで。下の歯も上の歯も絶対につけたままだよ」
②そのまま指から歯を離さないようにしながら、話したり歌ったりします。

ポイント

- はじめはどうしても指を噛みしめ、歯型がついてしまいます。でも人間、痛いのはいやだから、強く噛まずに声を出そうとすると、自然にお腹を使い始めます。力んで歌うような子を矯正する時にも非常に効果的です。
- 指に歯型がつかない程度の力加減が理想なのですが、子どもたちにそう指導すると、歯型をつけないこと自体が目的になり、指を離してしまいがちです。「それは違うよ。指から歯を離したらこの練習の意味がないよ」と、チェックしてあげてください。
- 「指が痛くなったらどうしようかな。あっ、反対の手にも親指があった！それでも痛くなったらどうしたらいいと思う？人差し指でやればいいか！」子どもたちと楽しく話しながら取り組んでくださいね。

ひみつ練習5

中音域を迫力ある響きにしたい時に効果的

①人差し指の先を、上の歯の裏側に当てます。できるだけ口は小さく開け、あごを下げ過ぎないようにしてください。
②そのまま歌います。

ポイント

- 前歯の裏側から脳の方へ、比較的太い神経を通

す管があります。そこを響かせるイメージで歌うと、副鼻腔を共鳴させやすく、中音域の発声がとても楽になるのです。

> 指が口に触れるので、衛生面には気をつけてください。とはいえあまり神経質にならず、手洗いの励行と、ハンカチの準備くらいでいいでしょう。

　慣れるまでは、ひみつ練習をやめた途端に歌い方が戻ってしまう子もいます。そうしたら、またこの練習に戻ってお腹を触りながら歌い、お腹の使い方を覚える。ある程度習熟したら、指を外しても同じように歌えるようになることを目標にします。

　5つのひみつ練習を通して、「声帯で作られた声を、うまく育てながら歌うこと」を再確認することもできます。だから私は「話ができる子は（たとえ今は歌が苦手でも）必ず歌えるようになる」と考えています。**話すにも歌うにも、同じ声帯を使っているわけですから。**

話すのと同じように歌おう

　普段は流暢に話している子どもが、歌の時だけ作り物のような、特別な発音になるのはおかしいでしょう？「なぜそれがおかしいの？」と子どもが首をかしげたら、話すように歌詞を読ませます。話し言葉をそのまま歌声に乗せていくのです。「今の読み方、いいじゃないか。じゃあそのまま歌ってみよう」……すると、ナチュラルな発音の、聴き取りやすい歌になっているはずです。

　ただ、言葉を強調する場合、特別な表現を求める場合は別です。「うーつくしい」と唇の先端に意識を集中させたり、「sssssssさびしい」と子音を長くとって印象づけたり。「かなしい」だったら「な」で、舌を上あごにつける時間の長さをコントロールすることでニュアンスが変わりますし、「ガオーッ」という叫び声なら、わざと汚い発音にすることもありますね。でもそれは、話し言葉の発音をより強調しているだけ。**歌だけの特別な発音をしようとする必要はないのです。**

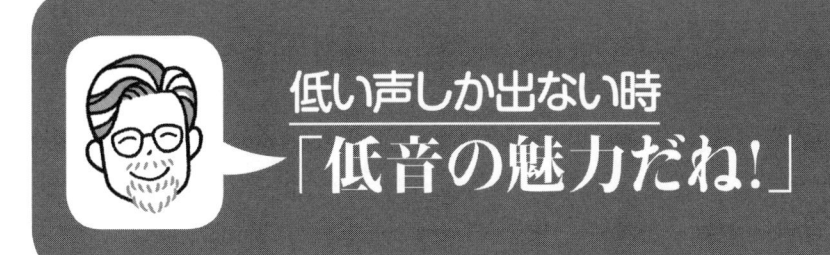

低い声しか出ない時
「低音の魅力だね！」

　低い声しか出ない子は、毎年必ずいます。**教科書に書いてある音域で歌えなければ音痴？** そんなはずはありません。低い音域で上手に歌う子もたくさんいます。

　まずは、どうして低い声なのかを見極めることですね。環境によることもあります。Aくんは非常に賢い子でしたが、言葉が少なくて、小さく低い声しか出ず、音域も狭かった。ご家庭がとても落ち着いていて、大きい声で話す習慣がなかったからかもしれません。

出し方さえ
わかれば解決
できる場合

※ファルセット
　ここでのファルセットとは、裏声（ヘッドボイス、ミドルボイス、ファルセットなど）のことであり、児童と同じ声域で範唱することを目的とします。

　持って生まれた声が低い子もいます。Bくんは、1年生なのに大人みたいな音域で話す子で、他の子より1オクターブ下で歌っていました。私も彼は高い声が出ないのだと思っていましたが、ある日※ファルセットで歌ってみせると、彼も他の子と同じ高さで歌えた。声の出し方さえわかれば解決できたんですね。ファルセットの指導は、「先生のまねして。こういう声、出せる？」と言って、歌ってみせるだけです。子どもはまねる天才ですから。そのためにも、男性の先生ならご自身もファルセットで歌う方がいいです。

　もし、2～3回やってうまくいかなければその日はやめます。次の日、次の時間にまたちょっとやればいい。あまり子どもを追いこまず、少しでもできたら**「ああ、できるじゃん！　心配ない！」**と褒めて・励ましてあげましょう。

　それから、ファルセットが出せなくても「歌が歌えない」なんて思わないで。**1オクターブ下で歌えばいいのですから！**

歌えるところだけ
歌えばいい

　音域が低い子、狭い子がみんなと一緒に歌う時は、出せる音域だけ歌えばいいのです。「ドレミファソファミレド」がダメなら、**「ドレミは歌えるね、ファは難しかったらいいよ。ドレミ……ミレドって歌えばいいよ」**と、最初から最後まで全部歌えなくても、その子が自信を持てる部分だけでいい。

　本人が望むなら、音域を広げるトレーニングもできるでしょう。先のAくんはシ♭・シ・ド・ド♯の4つの音しか出なかったのですが、彼には1日につき15分程度×数日間の個人練習をやりました。ピアノを聴きながら「シ♭

ーシ」「アーアー」と声を出すことから始めて、「シ♭ーシード」「アーアーアー」と、1音ずつ広げていきます。

彼は「他の子と同じように歌いたい」という気持ちが強く、後は自分で練習していたようで、いつの間にか他の子と同じ高さで歌えるようになっていました。**先生がつきっきりにならなくても、最初の練習の仕方、声の出し方を教えれば、自分で頑張れる子も多いですよ。**

> 先生が一緒に歌うのも効果的です。大きな声で歌ってあげるよりも、小さな声の方が聴きやすいです。その時は、先生と子どもが正面から向き合うよりも、少し斜め、あるいは真横に寄り添う方がいい。声が聴きやすいし、心理的な圧迫感が和らぐから。文字通り「寄り添う」……この言葉、いいですよね。

低音の魅力に気づこう

1人で歌うような時には、その子に合った調で歌わせてあげましょう。即座に移調して伴奏するのは難しいですが、1曲全部を歌わなくてもいいのですし、多くのキーボードには移調機能があります。便利な機材も活用して、子どもの心に寄り添いましょう。

きちんと歌えたら、「すごいなー。低音の魅力だよね」と声をかける。とにかく、低い音域の子に劣等感を持たせないことです。たとえば「**みんな、気づいた？　Cくんは低い音がすごく得意なんだね。君たちはできないだろう。でも、ちょっと挑戦してみる？**」「やってみるー！」「じゃあやってみるか。……おお、**歌えるじゃない！**」……そんなやりとりを経ると、他の子はCくんに憧れや「僕だってできるよ！」というチャレンジ精神をくすぐられ、Cくんも「みんなと同調できた」という安心感や優越感を持てます。

3年生のあるクラスには、声が低い子が4人もいたことがあります。そこで彼らをひとところに集めて、「**低音の魅力隊**」とかっこいい名前をつけました。すると「僕も低い声が出せる！」と名乗り出る子が続出して、低音の魅力隊がどんどん増えた（笑）。後から入ってきた子たちは元々高音域も出せますが、「**君は両方できるのか。じゃあ、好きな方で歌えばいい！**」と言うと、いっそう誇らしく歌うようになりましたね。

大人の声が出せる子はヒーロー！

Dくんは、ついに変声期まで他の子と同じ音域が出ませんでした。5年生のある日、別のEくんが変声期に入り、Eくんが歌うと、他の子たちはその声に驚いて笑ってしまいました。そこで「先生の声に合わせて。一緒に歌おう」と、私とEくんとで男声の音域で歌ったんです。「Eくんの声は、先生と高さが一緒になった。これが変声、大人の入口だね。Eくんがこのクラスで1番か。おめでとう！　ところでDくん、一緒に歌ってごらん」。

Dくんは、変声したEくんと見事に同じ音で歌えました。「Dくんは、1年生の時から変声した声と同じ声で歌っていたんだね。すごいだろ！」他の子たちにそう話すと、Dくんはすっかりヒーローです。他の子たちも早く変声したがるようになります（笑）。このケースでは、変声というきっかけがうまく働きました。

音色が揃わない時
「双子のように歌おう！」

　合唱では音程を揃えるのと同時に、あるいはそれ以前に、声の質を揃えることが必要です。たとえば「低音域はベタっとした声、かたや高音域はピーンと抜けたような声」だったら、音色が乖離してしまい、音程が合っていても響き合いません。**合唱の発声は、「同質の響き」が基本です。**

　ユニゾンでもこれは重要ですよ。どの音域でも同じ響きで歌えるようになれば、低音域と高音域で発声が極端に切り替わる、いわゆるチェンジボイスの問題もなくなります。

　目指す発声とは「より響き、より遠くまで届く、より言葉をのせやすい発声」ですね。合唱ならば、響き合う・響き合わせられる声。正しい発声同士ならば、1人ひとりの個性があっても、合わせた時に響き合う。

　発声の仕方と声の個性を混同する向きもありますが、個性とクセは違います。合唱であれなんであれ、何か問題が生じた時に「これはこの子の個性だから」と言ってしまったら、そこから先へは進めなくなる。**どんなに強い個性があっても、一緒に何かをつくり上げたいのなら、必ずどこかで折り合わなければいけませんからね。**大切なことは、その子の持っているいちばんいい声を、どう導いてあげられるかです。

5人なら5つ子、80人なら80つ子⁉

　はじめに、音色が揃わない原因を分析します。「ピアノの音や他の子の声が聴けず、独りよがりで声を出している状態」あるいは「声帯が傷ついて息洩れしたような声」、原因は主にこの2つ、特に前者ですね。

　手立てはまず、聴く耳を育てるということ、聴き合える状況を作ってあげること。その上で、子どもたち自身に望ましい発声かどうかを判断させます。たとえばクラスで半分ずつ歌い、もう半分はそれを聴いてみる。すると、子どもたち自身も音色のばらつきに気づきます。

　次は、声を揃えることを目標にして歌ってみましょう。**1人で歌っても、10人で歌っても、1つの声になるのが理想です。**私は「双子のように歌って」とよく言います。双子は顔や身体も似ていれば、声もよく似ているでしょう。「5人いるよ」と子どもに言われたら「**5つ子**」で。「先生、80人だよ」「80人か……まあいいや、80つ子だ！」（笑）。

また、授業を重ねるうちに歌い方のうまい子が必ず出てきますので、「○くんと同じ声で歌ってみよう」とやるのもいいですね。もちろん先生の範唱も大きく影響します。

ハミングで練習しよう

その次、具体的な発声の指導で使うのはハミングです。私のハミングの訓練は、「副鼻腔を使って声を作っていく」という意味合いです。口の中の動きを封じて、「副鼻腔を使わないと声が出せない状況」を作るのです。

ハミングの練習1
（効果的だけど、少し危険）

①舌を歯で挟みます。そのためには舌を前に出さなくてはならないので、のどの入口が開きます。「のどを開ける」とは、比喩表現ではないのです。ちなみに口を大きく開けて高い声を一生懸命出そうとすると、舌の奥が盛り上がってしまう……これがいわゆる「のどを詰める」ということです（右図）。

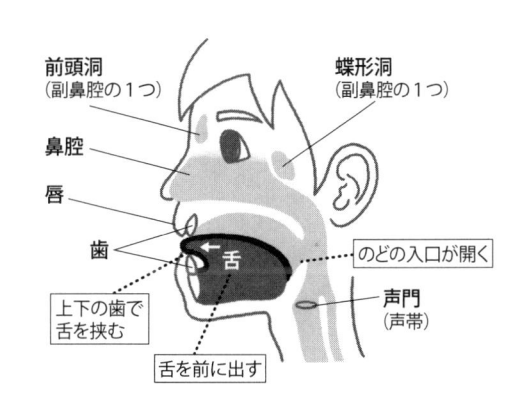

②この状態で「ん〜（ハミング）」と声を出すと、自然に副鼻腔を響かせることになります。ハミングで短いフレーズを歌ってみましょう。慣れると、1曲歌い通せるようになります。

★舌をかむと危険です。絶対ふざけないこと。落ち着いていない時はやってはいけません。

ハミングの練習2
（少しわかりにくいけれど、より安全）

①舌を上あごの先の歯の付け根、上の歯茎につけます。これも舌が前に引っ張り出されます。

②同じように「ん〜（ハミング）」と声を出します。

ハミングの確認

鼻の付け根、眼鏡の鼻あての辺りを指で押さえて、振動していることを確認します（左図）。頭蓋骨全体が響くので、手のひらで頭のてっぺんを押さえても振動がわかります。子どもが実感できない時は、先生の頭に触らせましょう。

副鼻腔が共鳴すると、倍音が生まれる。「いい楽器は、倍音がよく出る」といいますね。声も副鼻腔という空洞を有効に使うことで、豊かな響きになります。

音程が定まらない時にも、ハミングは有効です。声が澄んでくることで耳も澄んでくる、周りの音も聴こえてくる、ピアノも聴こえる、友だちの声も聴こえてくるからでしょうね。

ユニゾンをきれいに揃えたい時、音程が定まらない時……ある和音やフレーズをきれいに整えたいと思った時には、ぜひハミングを活用してみてください。

よい発声は、一生役に立つ！

発声の訓練は合唱にしか役に立たないのではないか……その答えは×です。よい発声というのは、まず子どもの発声器官に悪い影響を与えません。練習しすぎて声帯を壊すこともないし、むしろ発声の仕方が悪くて声帯を傷めているような子も、よい発声ができるようにしてあげるのが我々の務めでしょう。正しい発声は、傷ついた声帯を変声期に修復する働きもあります。

また、よい発声とは「長時間歌っても疲れない発声」でもある。歌謡曲やポップスを歌うにしても、よい発声を身につけた方が得です。大御所の演歌歌手でもそうですよ。下積み時代は流しの歌手として、一晩に何十曲も、しかも酒場の喧噪の中で歌う。楽な発声でないとのどがもたないから、自然とよい発声になったんでしょうね。

歌手でなくても、アナウンサーや政治家をはじめ、教師、店員……話す仕事、声をたくさん使う仕事は多い。声を出すことは、日々の暮らしに欠かせないことの1つですから、子どもたちにはぜひよい発声を身につけさせてあげましょう。

変声期の子どもたちに話したいこと
「大人の入口、おめでとう！」

先生と一緒に歌ってみよう

　私がもっとも大切にするのは、とにかくクラスで最初に変声が始まった子を見つけることです。変声の兆候を見つけたら、みんなの前でその子に少し歌ってもらい、「これが『変声』。〇くんは変声期に入った。〇くんはこれから、君たちのような子どもの声から大人の声に成長していくんだ。変声期は1ヶ月・2ヶ月……長い子は半年・1年かかる。1人ひとり違うんだよ」と説明します。それから、彼と同じ音域で、私も一緒に歌います。「〇くんと先生の声、同じ高さだって気づいた？」「本当だ、同じだ！」と、子どもたちはキョトンとしながらも理解します。

　「君たちはどんな高さだっけ？　△くん、歌ってみて？」と別の子にも歌わせ、「君も素敵な声だね。それは子どもの声、ボーイソプラノというんだ」と、子どもの声についても改めて説明して、「変声期は大人の入口！　〇くん、おめでとう！」と祝います。非常におめでたいことですから、大いに「おめでとう」と言いましょう。性的なことも含め、高学年は子どもから大人になるとはどういうことなのか興味を持ち始める時期。「大人になるとは素敵なことだ」と教えてあげたいものです。

> 　私は男なのでこう指導できますが、女性の先生はそうもいかないですよね。低い声が出せるなら、一緒に歌ってあげてもいいでしょう。でも、無理にやろうとすると声帯が傷つくので気をつけて。一緒に歌ってあげられなければ、キーボードで弾いてあげましょう。「voice」など、人の声に似ている音色を使うとわかりやすいです。

　変声中の子の声がひっくり返った時。やっぱりおかしな声ですから、周りの子は笑いますよ。その時の対応が大切です。「今、笑ったよね。実は声の出し方って、ひっくり返る直前が最高なんだ。つまりこれは、理想的な声なんだよ」と、歌を途中で止めて話をしましょう。これは本当なんですよ！

　「あいつ、変な声出した！」とか言い出した、最初の機会を逃さないこと。「君たちは、変声期のことをよく知らないから笑ったんだ。だから君たちを責めるつもりはないんだよ。責めるんじゃなくて、大切なことだから話をしたい。だって変声期は、大人になる、成長するために通る当たり前のことだもの」

と諭します。

オクターブの響きも素敵

　音域の変化としては、すんなりと1オクターブ下まで下がる子もいるし、変声したての頃は以前より4～5度下がることが多いです。高学年を指導している先生は、現状を刻々と把握して、対応も柔軟に変えていってください。続けて子どもたちを見ていれば、誰が今どんな状態かは自然に掴めるはずです。どうしてもわからなければ、「○くん、ちょっと声を聞かせて」と言えばいい。

　「他の子よりオクターブ下がってしまう……」と戸惑う先生も多いですが、オクターブ下で歌えるならば、なんら問題はないでしょう。大人が男女で斉唱すればオクターブになるのと同じ。オクターブユニゾンの、突き抜けたような音の重なりって、意外に素敵なものですよ。そこまで下がりきらないのであれば、元の高さで歌える部分だけ歌えばいい。合唱ならソプラノよりもアルトの方が、歌えるところが多いでしょう。

　ただ、オクターブ下ならアルトよりもソプラノを歌います。アルトをオクターブ下で歌うと、元のソプラノと1オクターブ以上離れてしまう。**ソプラノをオクターブ下で歌って、元のアルトを上下から挟むようにした方が、安定したハーモニーができます。**

　ある程度落ち着いてきたら、いわゆるファルセットが出せるかどうかも試してください。それができればファルセットでソプラノを歌ってもいいですし、できなければそのまま、オクターブ下で歌えばいいんです。

揺れる気持ちをそっと見守る

　高音域で美声を発揮していたような子は、変声がショックになることもありますね。本校の聖歌隊でも、変声した子はメッゾやアルトに移りますが、ソプラノにやり甲斐を持っている子は、気持ちの整理がなかなかつかないようです。でも「**変声、だいぶ進んできたね……**」と声をかけつつ様子を見ていると、そのうち観念して「先生……僕……やっぱり……他のパートに行きます」と自分で言いにくる。そうしたら「そうか。**変声した子の声も貴重だからな。わかった、アルトに行きなさい**」と、背中を押します。

　はっきり言っても大丈夫な子には「○くん、ちょっとアルトを歌ってごらん」「えーっ！」「そう言わずに……おっ、いいね！　君はソプラノもアルトもどっちもいいね。せっかくだからもう1回。ああ、君はアルトに入った方がいいや！」そんなノリで……。

　こんなこともありました。変声はまだだけど低音が出せる、でも高音域が苦手でいつも発声を直されている子がいたんです。ある曲の最後に低いファ

が出てきたので、変声して低音が得意になってきた子と一緒に、2人でそこを任せることにしました。「君たちの声、とても貴重だ。君たちにはここを歌ってもらいたい。君たちしか出せないからね！」って。その時の彼の嬉しそうな顔といったら！ 子どもって、特別な役割を与えられて「君はここに絶対必要なんだ」と言われると、意気に燃えるんです。

「変声期で音が外れるから、君は歌わないで」と言ってはいけませんよね。「発表会では口パクにして」と先生に言われたという話も、いくつも聞いたことがあります。何のための発表会でしょうか。どうしても音が合わないなら、「**そこの音は無理しなくていいよ。低い音はできるじゃない！**」と言えばいいはず。

なぜ音楽の先生を志すほどに、音楽を続けたいと思ったのですか？ もっと歌いたい、もっと弾きたい、もっと上手になりたい……それが動機でしょう？ それなのに、教える立場になった途端、知らず知らずのうちに「音が違う」とか「もっと大きな声」とか「もっときれいな声」ばかりに意識が行ってしまう。「音楽がやりたい」「子どもたちと音楽を楽しみたい」という気持ちを見失っていないでしょうか。

でも、それは先生の性(さが)でもあります。誰しもそうなりがちなのです。だからこそ心して、大切なことを見失わないでください。愛と思いやりを育てるために。

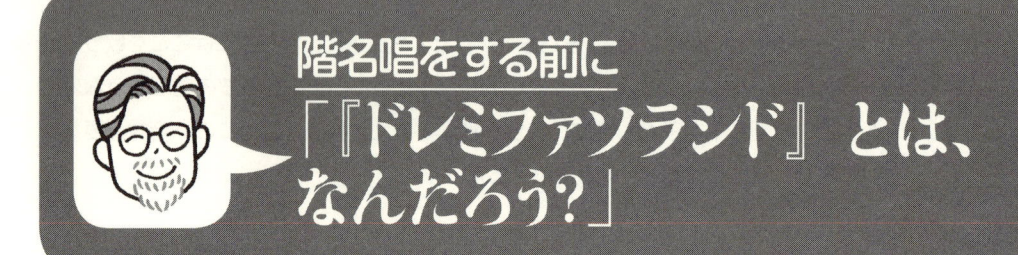

階名唱をする前に
「『ドレミファソラシド』とは、なんだろう？」

　歌の練習では、階名唱をよく使いますね。ですが、子どもたちはそれ以前に「ドレミファソラシド」の意味をきちんと理解しているでしょうか？　ドレミの並び順も、それらが意味する音の高さや関係性も把握しきらないまま、なんとなく階名唱をしても効果はあるのでしょうか？

　階名や楽譜に苦手意識を持つ子が多いのは、私たちの教え方が一因でしょう。私も昔は、とにかく理屈を叩きこもうとしていました。自分がそうやって学んだから、子どもたちもそうすれば楽譜が読めるようになるに違いないと思いこんでいたのです。その反省もこめて、理屈から入らない、階名唱や読譜の導入をお伝えしたいと思います。

みんなが知っている「あの曲」を使おう

　私は１年生の３学期から階名に触れさせます。導入に最適なのはやはり、早春のこの時期に流れる某音楽教室のCMですね（『池の雨』（ドイツ民謡）という曲です）。

　「これ知ってる？」とか言いながらピアノで弾くと、子どもたちは「ドレミファソーラファミ・レ・ド♪」と当然のように歌います。「すごい！　これからドレミを勉強しようと思ったけど、もうみんなできてるじゃない！」なんて驚いてみせながら、学習を始める（笑）。この曲の利点は、階名そのものが歌詞のように捉えられているところ。**階名唱のゴールは、歌詞のように階名で歌えるようにすることですから。**

　次は『大きな栗の木の下で』など、みんなが知っているごく簡単な曲で階名唱に挑戦します。とはいえ、先生が「ドードレミミソーミミレレドー♪　**はい、まねして歌ってごらん**」とやってみせるだけでいい。口伝えで歌を教えるのと同じです。

　階名唱がなじんだら、繰り返し練習するために半音ずつ上げていきましょう。要するに移動ドで、さまざまな高さで歌うのです。高くなるほどスリリングで子どもたちも喜びます。ただし低い方が得意な子もいるので、そちらも忘れないで。すべての声域の子どもたちが活躍できると同時に、移動ド唱法にもなじめます。

　簡単なフレーズでたくさん経験を積み、階名唱に慣れます。子どもたちが

廊下を歩きながら、何気なく階名唱するようになればしめたものです。

> これは、赤ちゃんが言葉を学ぶ手順と同じです。赤ちゃんは家族、保育園などの先生や友だち、テレビからも言葉を繰り返し聴き、言葉を獲得する。言葉を発し始めたばかりで「あいうえお」を教える親はいませんね。ドレミがわからない子どもたちにいきなり楽譜を与えて「歌ってごらん！」というのは、それと同じような無理難題なのです。

「ドレミファソラシド」とは、音の階段のこと

階名を理解するということは、「ドレミファソラシド」という文字の羅列を覚えることではありません。階名と音の高さの相関、音階とは何か……という、空間的な概念を感覚で掴むこともまた必要です。それを伝えるために、私は鉄琴を使います。1音1音取り外せる、ブロック状の鉄琴があると便利ですね。

「**君たちの整列のようだね。どういう順番で並んでる？　左と右、どっちが低い音？**」そう問われてもはじめは即答できませんが、右端のドと左端のドを鳴らして聴き比べれば、「左が低く、右が高いという法則なのだろう」と、漠然と察しがつきます。

次の時間も鉄琴を出し、別の質問をします。「**右と左、背はどっちが高い？**」「左の方が高い！」「そうだね。じゃあ、**音はどっちが高い？**」……いかんせん、高い音ほど鍵盤は「短く」、低い音は鍵盤が「長く」なるのですから、これは難問です（笑）。「えっ……左？」混乱が生まれ、わかっている子が「違うよー！」と声を上げて、子どもたちの議論が始まる。それを経た上で、音を鳴らして確かめてみると「あっ、そうか！」。体験を踏まえ、音階の概念がストンと理解できます。

> ここで音の高低とは何かをしっかり掴めると、子どもが陥りがちな「高い音と大きい音の違いがわからない」など、高低と強弱とを混同してしまうこともなくなります。

質問を変えながら、この活動を毎回、短時間ずつ繰り返します。トーンチャイムを1人1本持って音階順に並び、簡単な曲を演奏したりもします。ハ

ンドサインも取り入れます（詳細は次ページをご参照ください）。この辺りから五線譜も登場します。

　いろいろな手を尽くしてこのような活動を繰り返し、「**ドレミファソラシドとは、低い音から高い音への音の階段のことである**」という概念を定着させるのです。それから「**音の階段は繰り返し、永遠に続く**」ということも。

階名を書くにも、頭を使おう

　そうして音名と音階の概念を理解したら、3年生でリコーダーを始める頃には、教科書の教材程度なら階名を書かずに演奏できます。そうでない子も必ずいますが、それなら「**階名を書いてもいいよ、でも覚えたら消そうね**」と。

　階名を書くにもコツがあります。何も考えなければ全部の音にドレミを書いてしまいますが、「**楽譜をよく見てごらん**」と投げかけると、子どもたちは楽譜の読み方に気づき始めます。たとえば『大きな栗の木の下で』なら……

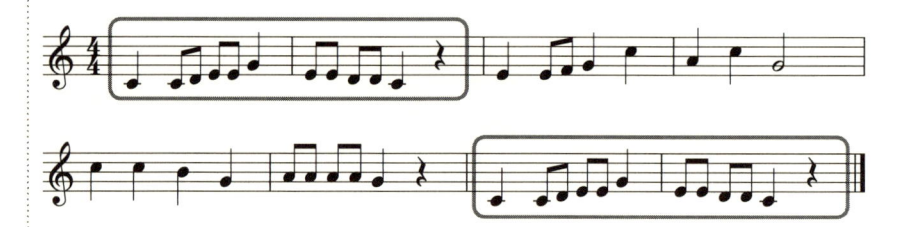

「最初と最後が同じだ！」「同じフレーズが2回出てくる！」と発見したら、階名を書くのは1回目だけでいい。中間部についても、たとえば6小節目のラの連続に気がつけば、そこも1回だけ「ラ」と書けば済む。A－B－Aという三部形式に気づくきっかけにもなる。階名を書くにも少し頭を使うようにすると、学べることがたくさんあります。

　何かを学ぶためには、理屈だけではなく、感覚でわかること、その両方が必要なのです。まして子どもはまず感覚で学び、理屈は後からついてくる。自分がかつて理屈で学んだという先生も、子どもの思考に寄り添ってみることで、大切なことに気づいたり、逆転の発想が生まれたりします。

ハンドサインを使ってみよう
「クイズです。声に出さず、心の中で歌います！」

「アルトはド」　「ソプラノはミ」

　合唱指導を少し勉強してみようと思うと、よく聞く言葉が「ハンドサイン」。ド・レ・ミ・ファ・ソ・ラ・シのそれぞれに指のサインを定め、手話のようにそれを使ってやりとりする方法です（ハンドサインの一覧は、62ページに掲載しています）。

　手を上下させることで音の高低を実感できますし、両手を使えば同時に2つの音を示すこともできます。「ソプラノさんはミを歌って！」「アルトさんはドが低いよ！」などと言葉で呼びかける必要もなく、視覚的にコミュニケーションがとれるので、より音楽の流れを壊さずに指導ができます。

ハンドサインで育つのは「集中力」！

　ハンドサインは譜読みや音取りのための1つの手立てとして知られていますが、その最大の利点はまったく別のところにあります。サインを読み取るためには「見る」、つまり「提示される情報に集中する」という意識が必然的に求められる。ハンドサインは楽しみながら、子どもたちに集中することの大切さを実感させ、集中力を研ぎ澄まします。

　　赤ちゃんが言葉を覚える時には、「パパ」「ママ」「ジジ」「ババ」と顔を見て、指さしながら口に出していますよね。無意識のうちに、目と耳と口と手を複合的に使って記憶を刻みつけるのだと思います。ハンドサインも目で見て、耳で聞いて、指を使って、自分でまねて歌ってみて……いろいろな感覚をフル活用して音を感じ、考え、心と体に染み込ませる。階名は楽譜だけから学ぶものではありません。

また、ハンドサインは反復練習のアクセントにもなりますよ。たとえばあるフレーズを覚えなくてはならない時、ただ何度も階名唱するだけではすぐに飽きる。そこでハンドサインを取り入れると「ハンドサインをつける階名唱／つけない階名唱」というバリエーションができ、活動に変化が生まれます。反復練習では同じことを長く続けず、いろいろな要素を組み合わせて、楽しさを演出しましょう。

はじめての
ハンドサイン

　本校では、前項で紹介した「階名唱」（54ページ）と関連させて指導しています。1年生の終わりごろ、階名唱で簡単な曲を歌う段階で、遊びのようにハンドサインを取り入れます。まずはさりげなく握りこぶしを掲げ、「**これがドね。ド・レ・ミ……みんなもやってごらん**」と、何の説明もせずにまねをさせます。

　「ドレミファソラシド」をいっぺんに全部指導しようとすると、まとまった時間が必要になってしまいます。**大人は「ドレミファソラシド」でひとつなぎのように感じますが、子どもにはそんな意識はありません。**たとえば『チューリップ』を歌うなら、その時間はド・レ・ミ・ソ・ラだけ扱えばいい。リコーダーの導入期ならシから始めましょう。

　時間がなければ、曲の一部だけでもかまいません。『ちょうちょう』なら「ソミミ」の1小節だけでもいいのです。その日の授業で扱う教材曲の一節でもいいでしょう。

ハンドサインの
使い方1
曲あてクイズ

　子どもたちはハンドサインが大好きです。暗号みたいでわくわくするのでしょうね。「ハンドサインをやる時間なんてない！」と大仰に構えず、ちょっとしたクイズのような感覚で取り組んでみてください。覚えるにも、大人が考えるほど時間はかかりません。

　楽しいからこそ、「もっとやるぞ！　もっと上手になりたい！」という気持ちが湧いてくる。にもかかわらず、子どもたちの意識の上では「遊び」なのです。遊びと学びは表裏一体……特に幼いうちは、遊ぶように学習ができたらいいですよね。

①「クイズです。これから先生が、ハンドサインでみんなの知っている曲を示します。何の曲かあててください。みんなは声に出して歌ってはいけません……」と話し、ソ・ミ・ミ……とハンドサインを見せます。

②子どもたちは無音の中でひたすら先生の手元に集中し、サインを読み解こうと頭の中で音をイメージします。「あっ、わかった！」と思わず声を上げてしまう子がいますが、「しーっ……」と制しましょう。

③先生は同じメロディーを3回繰り返して示し、それが最後まで終わったところで「わかった人は手を挙げて」と静かに言い渡します。答え合わせ代わりに、挙手した子がみんなの前で歌います。

　音の高さと「ソミミ」という階名は、この時点ではつながっていたりいなかったりします。「わかった！」と言う子の中にも、合っている子と間違っている子がいます。はじめのうちは、階名を把握してきちんと歌える子は1人でもいればいい。その子が「ソミミ♪」、さらに「ちょうちょ♪」と歌ってみせると、子どもたちはもう驚愕です。「僕はわからなかったのに、○くんは先生のハンドサインを読み解いて、よく知っている曲を導き出した……！」と。

　「○くん正解！　よくできました！」と褒めると、他の子たちも「僕もできるようになりたい！」と思い、一生懸命ハンドサインに集中するようになります。**最初はできてもできなくても、「なんとかしてわかりたい」と思う気持ちだけでいいのです。**それを続けるうちに、知らず知らず集中力と音感が育ってくる。すると譜読みも速くなり、より豊かな音楽性に迫る、実り多い授業ができるようになります。

> 　授業が始まる前や子どもたちがざわついている時に、何も言わずにこの曲あてクイズを始めることもあります。気づいた子から口をつぐみ、ハンドサインを読み解くことに集中する。雑然としていた雰囲気がすっと整い、清冽な空気の中ですんなりと活動に入れます。

ハンドサインの使い方2
かくれんぼゲーム

　もちろん、ハンドサインをつけながら歌うこともできます。その場合は、こんなゲームがありますよ。

①先生は左手に人形（でもなんでも。なくてもかまいません）を持ち、右手でハンドサインをしながら子どもたちと歌い慣れた曲を階名唱します。
②「人形が隠れたら、声に出して歌ってはいけないよ」と、左手の人形をふっと背中に隠す。人形が隠れている時は、声を出さずハンドサインだけで旋律を追います。
③先生が人形を出したら、また声に出して歌います。いつ急に人形が出てくるか、隠れるかがわからないので、子どもたちは先生の動向を注視し、ドキドキしながら歌い続けます。

　もぐらたたきのようなスリルが味わえる楽しいゲームですが、子どもはこの過程で「声に出さずに正確に拍を追い、リズムを感じ、頭の中で音をイメージし、心の中で歌い、次の音を予測する」という複雑なプロセスをこなしています。断片的な情報から推測して、連続したイメージを構築する……非常に高度な情報処理ですが、大人が仕事をするにも必要不可欠なスキルですよね。楽しい活動を通して、その技術も身につけさせてあげましょう。
　また、「音を出さずに音楽をイメージする」という作業に慣れることも、子どもたちの音楽性を大きくふくらませます。

読譜指導はあらゆる曲でできる

　階名だけでなく拍子やリズムなどについても、あらゆる曲で機会を見つけて指導します。たとえばリコーダーで新しい教材曲に取り組む時にも、拡大楽譜を見ながら「この曲は何拍子？」「4分の2拍子！」「下の4はどういう意味？　上の2はなあに？」「4分音符が、2つ入るって意味！」「そうか。4分音符ってどれ？」……などと繰り返し確認します。
　「あれ？　でも音符が1個しかないところもあるぞ？」と先生が首をかしげ

るのも、子どもたちに考えさせるきっかけになります。「先生、それは2分音符で、4分音符2つ分だからいいんです！」とすかさず声が上がる。楽譜を見ていれば、休符にも出会うでしょう。そうしたら、4分音符と4分休符の長さが同じだということをさりげなく話します。

　おしゃべりに続けて、リズム唱や階名唱にも自然に入ります。「ここのリズムは『タンタタタン』だね。こっちは『タタタンタン』……あれっ、さっきと違うんだ！」「先生、ここにも『タンタタタン』があります！」そんなやりとりが生まれれば、モチーフや楽曲の構造の理解にもつながります。それを経てリコーダーに取り組むと、譜読みも正確になりますし、音楽の解釈も深まりますね。

> 　音符・休符の学習で忘れてはならないのは、やはり大元は4分音符ではなく、全音符・全休符だということです。「『4分音符』の『分』はなんて読む漢字？」「わける！」「そうだね。ところで、何を分けるの？」という流れで、全音符の話をします。「全音符を2つに分けようと思って、ナイフで縦に切った。だから2分音符には縦線がついている。これをさらに分けようと思って、横に切ろうとしたらつぶれちゃったから、4分音符は中を黒くしたんだよ……」などと（笑）。
> 　算数での分数の学習とも関わりますが、「1つのものを4等分する」という数学的な第一義と、「全音符の半分の半分……」という音符の成り立ちは、子どもにとってはまったく異なる概念です。逆に分数とあまり関連づけてしまうと、4分の2拍子を2分の1に約分してしまう（笑）。あるいはきちんと段階を踏まず、拍子や音符の根本的な意味を丁寧に説明せずに教えようとすると、そのような誤解が生じるのかもしれません。

　「この題材では、はずむリズムを学ぶ」など、題材にはそれぞれテーマとなる指導事項がありますが、それにとらわれすぎて他のことに一切触れないというのはもったいないですね。音程やリズムの読み方、拍子や強弱記号……それらはどんな教材からでも汎用的に学べることであり、あらゆる曲で絶え間なくそれらに触れることによって、子どもたちにじわじわと根づくのだと思います。**どんなに簡単な童謡、短い旋律からでも、学べることはたくさんある。**どこにでもちりばめられている学習の機会を、みすみす逃すべきではありません。

ハンドサイン

ド　レ　ミ

ファ ソ ラ シ

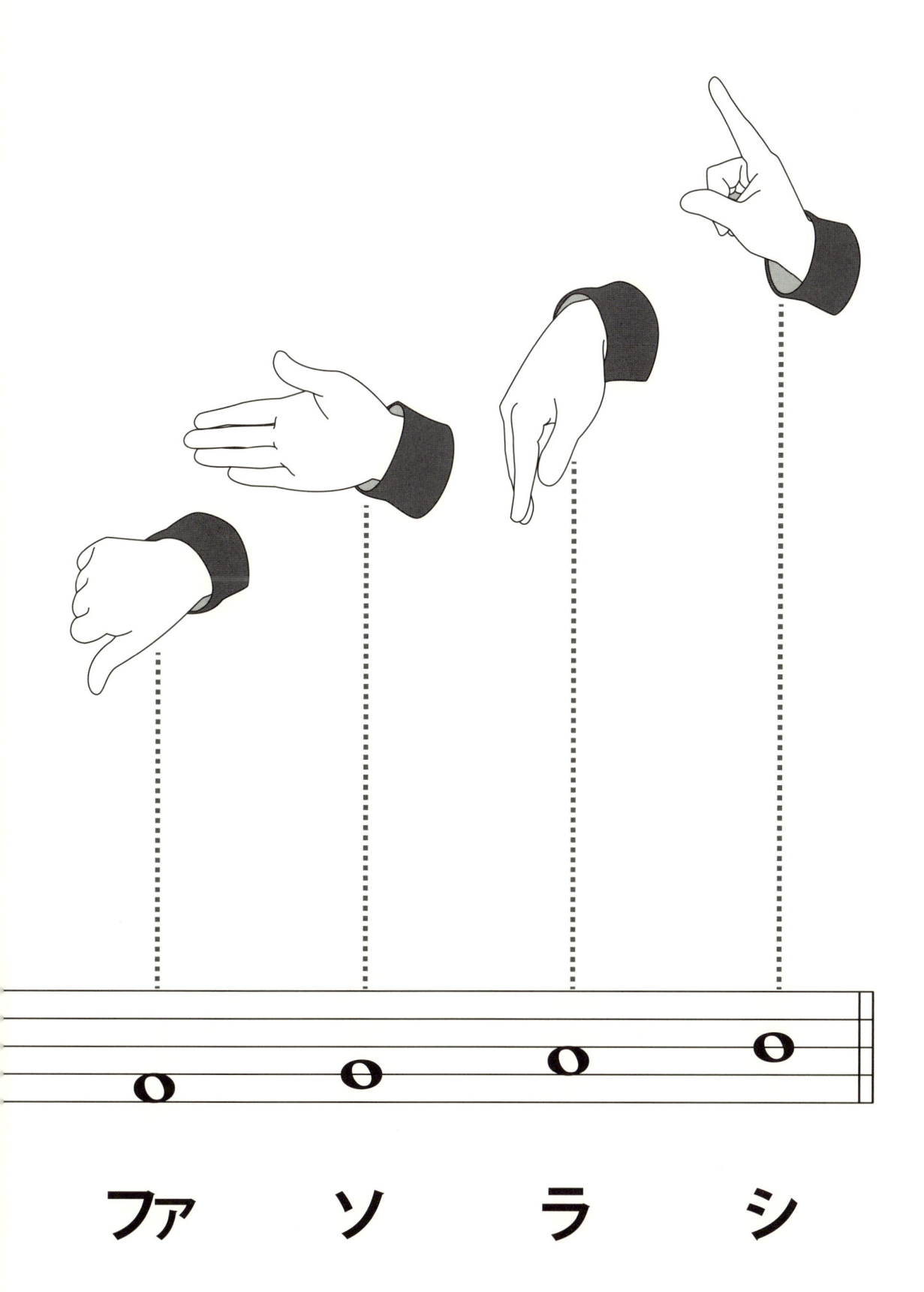

白ひげ先生のメッセージ

　講習会、コンサート、合唱指導、メディアの取材……今までに、いろいろな場所でたくさんの方々にお会いし、お話をしてきました。ありがたいことに、その時の私の言葉を書き留め、胸に置いてくださっている方もいます。関係各位のご了承をいただき、その一部を紹介します。

●みなさん、芸術をしましょうね。
苦しいと思うまで練習しないと、人に感動は与えられません。
芸術とは、そういうものです。

——2007年夏、ある小学校の子どもたちへ

●発声は川の流れ。澄んだ水はそのものだけで清々しい。
濁流にしたり、泥流にしたりすることは条件を変えていけばできます。
その反対は難しいでしょう。
声のコントロールができると、短時間で川の流れを変えることができます。

●言葉は同じではない。速さ、深さ、重さ、いろいろな趣がある。
言葉のエネルギー、気持ち、命を歌ってあげなければ、言葉がかわいそう。
言葉が、そう歌ってほしいと言っている。

●小さい音符ほど大切に。人間も、小さな子どもは大切に育てるでしょう。
長い音符は短い音符に尽くす。
休符、音がない場所でも、音楽は続いている。

——ある小学校の音楽の先生へ

●音楽は、瞬時にして人の心を変え、生き方を変えるほどの力があるのです。
絶望する人に希望を、悲しむ人に慰めを、惑う人に光を、疲れた人には安らぎを。
ですから、音楽はとても重要な教科なのです。
世の中は理不尽に溢れています。傷ついても正直で、誠実であり続けてください。
気にすることなく、善いことを作り続け、助け続け、教え続けてください。
疲れたら休めばいい。どんな強い精神と肉体があっても、人はいつか疲れ、
病むことがあります。ためらわず休みなさい。休息のあとに回復がおとずれ、
あなたが本当に求めるのなら、また歩き始めればいい。

——2013年早春、音楽の先生方への手紙

第3章

曲づくりの章

> 選曲の時、先生が自分自身に問うこと
> # 「この曲は、子どもたちを成長させるか？」

　素敵な曲、人気の曲、いっぱいありますよね。「子どもたちがこの曲を好きだから歌わせたい！」あるいは「今度の行事のためにこの曲を練習しなくちゃ！」……気持ちはわかります。でも、**今、目の前のこの子たちが歌うのに、その曲は本当に合っていますか？**　短い輪唱もやったことがないのに、いきなり大きな合唱曲を与えてしまうのですか？　子どもたちの現状にふさわしい曲は、他にありませんか？

　あまりにもレベルの合わない曲に、子どもたちをチャレンジさせるのはいかがなものかと思うんです。食べ物と同じで、子どもの成長に合わせて食材を考え、味つけも工夫する。どんなによい食材（曲）でも結局未消化のまま、達成感を得られずに終わってしまうことになりますから。

この曲はうちの子どもたちに合うか？

　まず楽譜を見て、ピアノで弾いてみて、「この曲はうちの子どもたちに合うかどうか」、あるいは「うちの子どもたちに与えたいかどうか」という観点で考えます。今、この子たちがこの曲を歌うことによって学びや成長の糧になるか。子どもたちとこの詩を読んで、一緒に考えたいと思うかどうか。

　音域ももちろんチェックしますが、高い方は練習次第で出せるようになるので、あまり気にする必要はありません。**配慮しなくてはいけないのは、むしろ低い方です。**低音には声帯の大きさによって限界がありますからね。高音の方も、仕上がりから逆算して今がどの時点にあるか、仕上がりまでにどれだけの手順と時間をかけられるかは計算しなくてはいけません。

　ポップスの複雑なリズムも、子どもたちにとってはあまり問題ではないようですね。耳で聴いて覚えますから、先生が歌ったりピアノを弾いたりして教えれば、子どもたちはそのとおりに歌います。Ｊポップのリズムが負担になるのは、私たち教師の方です（笑）。

　先生が楽譜から曲をしっかり分析し、子どもたちに合っているかどうか見抜く力というのはもちろん重要です。ところが、実際に歌ってみてから「この子たちにこの曲は合わない」と気づくこともあります。その時は、**ためらわずに他の曲に変える。判断に余計な時間をかける必要はありません。**

　問題なのは、それになかなか気づけない時です。まして先生が思い入れの

ある曲だと、「もう少し練習すればうまくいくようになるんじゃないか」と思いがちです。その曲が目の前の子どもたちに本当に合っているか、冷静になって考えてみることを、常に忘れないでください。

わらべうたを活用しよう！

合唱入門にふさわしい曲としておすすめするのは、やはりわらべうたのような五音音階の曲ですね。機能和声の制約を受けず、どう音を重ねても、どの音に行っても違和感がないからです。音を限定することで、逆に自由に動けるようになるのです。

たとえばド・レ・ミ・ソ・ラを使ったわらべうたを歌う時に、音程があまり取れない子がいたら、「ラ・ソ・ラ、ラ・ソ・ラ……」を繰り返して重ねるだけでもいい。音域が狭ければミだけ歌っても、素敵なハーモニーになりますよ。

例『ひらいたひらいた』

（楽譜：主旋律／簡単なパート①（階名唱など）／簡単なパート②（階名唱など））

歌詞：ひらいた ひらいた なんのはなが ひらいた れんげのはなが ひらいた

1年生で歌った曲を、6年生が歌ってもいい

「この曲は6年生の教科書に載っているから、1年生が歌ってはいけない」ということもありません。たとえば『ふるさと』は6年生の歌唱共通教材ですが、音域やリズムなどの難易度からいえば、低学年でも歌える曲です。ただ重要なのは、**1年生が歌う時と6年生が歌う時では、ねらいが変わる**ということです。

場合によっては6年生に、「1年生で歌った『うみ』を歌ってごらんよ」などと投げかけることもあります。「1年生の時は気づかなかったけど、この旋律が素敵だったんだね。あの時は何も考えずに歌っていたけど、6年生になって改めて歌ってみると、こんな気持ちになるね」と、再発見することがたくさんありますよ。

試しに歌ってみよう！

聖歌隊で歌う曲などは、子どもたちと一緒に考えることもよくあります。候補曲がいくつかあって決めきれない時は、子どもたちと少しだけ歌ってみます。きちんと歌えるようになるまで練習しなくても、子どもたちはそれぞ

れの曲に鮮明な反応を見せます。また、導入の時に反応がいい曲でも、何回か練習しているうちに子どもたちが顔を曇らせることもあります。最終的には私が決めますが、そこに子どもの気持ち、子どもの意志が関わると、「自分たちが選んだ」という責任と喜びがあるでしょう？

　あるいは「どうしてもこの曲を歌いたい」と、子どもたちが楽譜を持ってくることもありますよね。とはいえその意欲だけで即決はせず、**「おお、わざわざ買ってきたのか。考えてみましょう」**といったん保留にします。検討して歌うことになれば、**「実はこの楽譜はね、○くんが買ってきたんだよ」**とみんなにも伝えます。そういう経緯で歌うことになった曲は、練習に対する気持ちも大きく変わりますね。

　今この子たちと一緒にやりたい曲、あるいは子どもたちに伝えたい曲、伝えたい音楽、子どもたちとともに奏で、子どもたちの心に残したい音楽とは何かを考えましょう。選曲とは先生から子どもたちへのメッセージであり、先生の「生きざま」そのものなのです。

歌に表情がない・歌声が暗い時
「一緒に歌うことを楽しもう！」

　棒読みならぬ棒歌い……表情がない、暗い歌になってしまうこともよくありますよね。気持ちが華やがない、前の時間に憂鬱なことがあった……子どもといえども、いろいろな事情があるでしょう。悩みや悲しみ、苦しみや切なさを抱くこともあります。そんな時は「もっと元気出して！」「もっと明るく！」と言うこともできますが、別のアプローチも考えてみましょう。

同じ音高で歌詞を唱える

　まずご紹介するのは……意外かもしれませんが、「**同じ音の高さで歌詞を唱える**」という手法です。たとえば『春がきた』をダラダラと歌っている時、まずは音程をつけずに、同じ音高で歌詞を唱えてみてください。地声よりも少し高い音域にすると、腹筋も刺激できます。へその下を手のひらで押さえると、お腹の動きがよくわかりますよ。

　　　はるがきたはるがきたどこにきたー

（徐々に音を上げてチャレンジすると、歌声に張りと抑揚が出てきます）

　これだけで、勢いが出て語気がよくなります。「**そのまま歌って！**」とメロディーに戻して歌うと、すっかり明るい声になります。リズムが甘ければ、リズム唱でもいいですよ。

　　　は　る　が　き　た　　は　る　が　き　た　　ど　こ　に　き　た

　ここで「はーるがきーたっ、はーるがきーたっ！」とフレーズが雑になってしまったら、「**2回つなげてごらん**」と指示してみましょう。「はーるがきーたーはーるがきーたー」「いいね！　どうせなら、1回目と2回目で変えたら？」「はーるがきーたー（mp）、はーるがきーたー（mf）」「いいじゃない！　じゃあさ、どっちかはもっと優しくできる？」……リズム唱だけでも、表現の工夫をいろいろ試せます。その上で普通の歌い方に戻すと、歌声が見事に変わります。長い時間はかかりません、すぐに効果が出ます。表情が暗い時だけでなく、発音や発声を直したい時、空気が洩れるような芯のない歌声の時にも役立ちます。

> 　キリスト教の礼拝には「答唱詩編」というものがありまして、「大きな喜びをあなた方に……」などと、音高をつけずに唱えるのです。ラテン語など強弱で抑揚をつける言語ならたやすいのでしょうが、日本語では「音高を一定にしつつ、意味がわかるように話す」というのは難題です。音高が変えられないならば、強弱や速度を変化させるしかない……というわけで、結果的にいい勉強になりました。このように、直接関係のないきっかけから生まれたアイディアも、いっぱいあるんですよ！

鮮やかな写真を見せよう

　歌に気持ちを向けるための方法もいくつかお伝えしましょう。たとえば4年生の教材『もみじ』では、私は自分で撮ってきた紅葉の写真を見せます。

　「河口湖で撮ったんだよ。これがおすすめの1枚。キレイだろう。ピンクっぽいけどピンクじゃない、微妙な色合いが気に入ってねえ」……歌には直接関係ないですよね。でも自分で撮ってきた写真だから、エピソードを交えてじっくり語れるんです。「風が冷たかったよ」「枯れ葉の匂いがね」などと感覚の話ができるのも、自分の写真ならでは。**教室にいながらにして、歌の空気感を想像するためには、そんな会話も大切だと思います。**

知識欲をそそる歌詞シート

　歌を歌う時は、縦書きの歌詞を提示します。以前はOHPシートでしたが、現在はPDFデータを電子黒板に投影しています。データを作る時には、書体もこだわって選びます。フォーマルな曲なら教科書体、アニメソングや可愛らしい歌ならポップな書体……言葉にならない曲の雰囲気が表れます。

　それから、私は低学年でもできるだけ漢字を使います。漢字はものの形から生まれた象形文字で、文字自体に意味がある。ひらがなよりも漢字の方が、歌詞の意味をより深くとらえ、考えながら歌えます。あるいは「うさぎおいしかのやま」で同音異義語を取り違えた経験があるでしょう（笑）。ひらがなだと単語の切れ目がわかりにくく、行間の趣を察することも難しい。

　「ひらがなは易しい」という観念自体を見直してみてはいかがですか。特に3年生ぐらいの、熟語の中にもひらがなと漢字が混ざる状態は一目で読みや意味を理解できず、歌詞の表記には不向きです。国語の授業ではないのですから、音楽科としての目的や意図に合わせ、自由に漢字を使えばいいでしょう。

> 　1年生では「漢字」「ふりがな付き」「全部ひらがな」の3パターンを用意することもあります。最初は漢字バージョンを見せ、1行ずつ私が読んだ後に復唱させる。子どもにとっては字というより記号を見る感覚でしょう。
> 　その曲をすっかり歌えるようになったら、「どの書き方がいちばん歌いやす

い？」と子どもたちに選ばせますが、「漢字の方がわかりやすいし歌いやすい」と、まずひらがなは選びません。ふりがなはあってもなくてもいいですが、彼らのプライドからすると「ない方がいい」そうです（笑）。子どもにとってより難しそうに見えるものは、子どもたちのプライドをくすぐり、知識欲や向上心を育てます。

**時事や流行にも
アンテナを立てて**

　子どもが楽しく理解できる授業をするために、我々にはユーモアが必要です。でも知識だけではなく、総合的な人間力とでもいうものを培わないと、なかなか洒落たユーモアは出てこないものですね。**音楽室の外のできごと、世の中のことにも敏感でいたいものです。**変わってはいけないことと、変わらなければいけないことがある。世相や時事、今まさに子どもを取り巻いている環境を鑑みて、教材や計画を組み替えていくのも悪くないでしょう。多くの人の心を動かす流行りの中にも、ある種の真実がひそんでいます。

　本校では毎週、校長先生がお話をしてくださいます。ある朝、校長先生は「命とは動物だけにあるのではない。みんなにも、1人ひとりに命がある」というお話をなさいました。それを受け、音楽の時間にも「**そうだ！　虫や動物が出てくる、命の歌があるよ。みんなで歌おうか！**」という流れになり、校長先生のお話をきっかけにして『手のひらを太陽に』（やなせたかし作詞／いずみたく作曲）を歌いました。指導計画はだいぶ外れてしまいましたが、子どもたちにとってはとても自然ななりゆきで、気持ちをこめて歌えました。

**さあ、
手をつなごう……**

　恩師の小林光雄先生から最初に教えていただいたのも、そういうことでした。初めての研修会で、子どもたちに『ともだちはいいもんだ』（岩谷時子作詞／三木たかし作曲）を指導していただいたのですが、普通は「音程が悪いよ」とか「鼻濁音ができてない」とかから始まると思うでしょう？　小林先生はいきなり**「さあ、手をつなごう」**と仰ったんです。手をつなぐだけで、もう歌声が変わってしまった。子どもたちにとっても意外な指示で、「これから何が起こるんだろう」というワクワク、期待感が生まれたのですね。

　私は私なりに「音程をしっかり」とか一生懸命指導していたのですが、それは音楽として生きていなかったのでしょう。それをパッと見抜かれて、そこから指導を始めてくださったのだと思います。「もっと正しく！」「もっといい声！」ばかりに頭が行ってしまって、「自分はなぜ音楽をやりたいのか？」ということを忘れていたんです。でも、それがいちばん大切な原点ですよね。**「子どもたちと一緒に、歌うことを楽しむ。そのためには、どういう楽しみ方があるかな……」**必要なのはそういう心構え、それから上辺だけの言葉ではなく、実際に子どもたちの心を変えられるような言葉がけですよね。

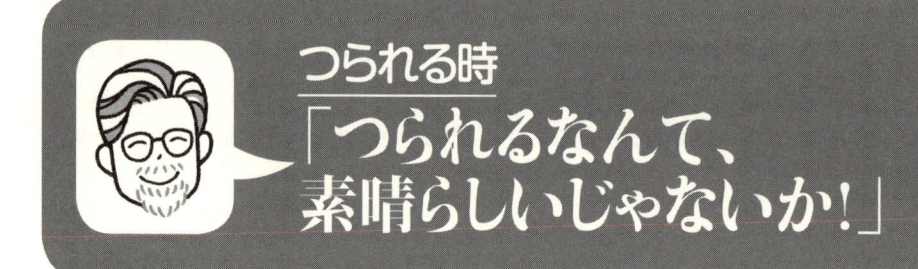

つられる時
「つられるなんて、素晴らしいじゃないか!」

　「合唱とはともにつくっていくものだから、お互いが聴き合わなくてはいけない」ということに気づかないうちは、つられないようにしようと耳をふさいでしまう。私も子どもの頃は、耳をふさいで歌ってました（笑）。しかし、聴くことを積み重ねることによって、聴き合うことにいたるのです。

　まず、「絶対につられまい」という意識をなくすことです。そんなに罪悪感を持つべきことでもないでしょう？　最初のうちはつられたっていい。「つれてしまうのは、そちらの旋律をしっかり覚えている、聴いているからでもある。それはそれで素晴らしいことだよ。失敗しないで上手になった子はいないんだから、大丈夫！」と言ってあげましょう。

> **NG**　子どもたちがそのような気持ちになれるかどうかは、先生の言葉次第です。「つられないように頑張るんだよ！」とか、「あっちのパートに負けないでね」なんて、絶対に言ってはいけません！

楽しく繰り返し歌い、旋律になじむ

　なぜつられるか。**それぞれのパートの旋律をしっかり覚える前に、合わせに入っていませんか？**　行事のために曲を仕上げなければならないなら、時間も限られていますしね。でも、自分でしっかりと旋律が歌えること、なおかつ他の音も聴きながら歌うことが大切です。

　そのためには「旋律になじむ」という過程が必要です。ある程度すらすらと歌えるようになるまで練習すること。とはいえ、同じことを何度もやると飽きますから、階名唱・リズム唱・歌詞唱・ハンドサインをつけて……など、変化させながら繰り返します。時には「読めるかな～？」とか言いながら、電子黒板の歌詞掲示をズーム機能で縮小したりして遊びながら（笑）。子どもたちは「まだ読める！」なんて張り合うので、「じゃあこれはどうだ！」とさらに縮小してもう1度歌う。楽しみながら反復練習をします。

自信がない子にはサポートを

　自信がないためにつられてしまうケースもあります。自信を持たせるためには、やはりコツコツとパート練習をすること。それと、歌える子が歌えな

い子をサポートする体制を整えます。誰をサポートすべきかは、「自信がない人ー？」と投げかけて、自己申告をさせればいい。その後も「まだダメ？ そろそろできるかな？」などと問いかけると、「いや、もうちょっと……」と冷静に判断して返事をしますよ。本人はちゃんとわかっているんです。

- 自信がない子・つられてしまう子は、とにかく周りを囲むことです。まず斜め後ろ、それから両サイドに歌える子を配置します。これは練習でも、ステージでもできます。 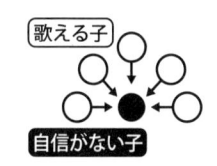
- 自信がない子が内側、自信がある子が外側の2重円をパートごとに作ります。気になるフレーズを繰り返し練習し、自信がついたと思ったら自己判断で内側から外側の円に移動する。上達につれて、外側の円の人数がだんだん増えていきます。目標は、全員が外側の円に移ること。円になると内側の子は全方位から音に包まれるので、とても効果的です。 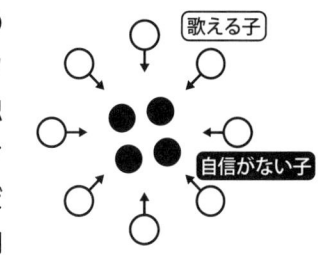
- 上級生と下級生で向き合う方法もあります。本校聖歌隊では3年生と、4〜6年生が向き合って歌います。3年生はお兄さんたちの姿を見て、歌声を聴きながら安心して歌えますし、上級生もかっこ悪い歌が歌えなくなります（笑）。

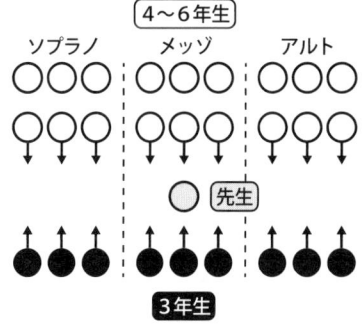

つられることを防ぐよりも、「より聴き合える環境を作ること」を目的にしてみましょう。半円形に並ぶだけが合唱の練習ではありませんよ。さまざまな並び方にすぐ移動できるよう、机や椅子は取り払うことをおすすめします。

> **NG** 卒業式などでは、パートをバラバラにして並ぶこともあるでしょうが、1人ひとりがかなり自信を持って歌えないとそれはできません。音楽室ではパート別に並んで歌っていたのに、体育館でいきなり出席番号順に並び変えるなんて、声が小さくなって当然です（苦笑）。つまり、どういう並びで歌うかということが、合唱をかなり左右するんです。

アルトから音取り !?

アルトがソプラノにつられがちになるなら、発想の転換をしてみましょう。新しい曲の音取りをする時に、まずアルトパートだけ教えて「今日は終わり」

(笑)。子どもは変な顔をして「ソプラノを歌いたい！」と言いますが、「じゃあ今度ね！」と寝かせておきます。子どもがうずうずしているところで、次の時間にソプラノパートを教える。ソプラノを先、アルトを後にやるのと理屈は一緒ですが、アルトの旋律が定着していれば、ソプラノが目立つメロディーだったとしても、そちらにつられなくなります。

　合唱ではすべてのパートに全員が取り組んだ方がいい。すると、最初の段階ではつられることもありますが、自然に他のパートが耳に入ってくるようになる。聴けるようになるから、「それに対して合わせる」ということもできるんです。

いったん歌わないで、聴いてみてごらん

　どうしてもつられてしまう時は、小さい声で歌い合わせてみる。すると、お互いのパートが明確になります。「つられまい」とすると、自然に大きい声になり、お互いを見失いがちです。

　それから「いったん歌うのをやめて、聴いてみてごらん」とアドバイスしましょう。不思議なことに、聴いてみるとわかるんです。「**わかるようになってきたら、一緒に歌い始めてごらん。わからなくなったら、また聴いてみればいい**」と。

楽しいのは、自分が歌うことだけじゃない

　ある程度歌えると自負している子の中には、「自分が歌うから楽しいんじゃないか。他の音なんか聴いたってつまらないよ！」と考えている子もいるでしょう。そんな時は「**楽しいのは、自分が歌うことだけじゃないよ。耳を澄ましてごらん。今まで聴こえなかった音が聴こえてくるじゃない？**」と話しましょう。ピアノの和音の変化、声量は小さくてもきれいな声の子がいる、あの子のこのフレーズの歌い方はすごく素敵……聴くことで、自分が持っているものと違うものに気づく。さらにそれをまねできれば、自分のものになる。「あの子の声がきれいだ！」「ピアノに変わった音が入ってた！」と気づいたら、「すごいじゃない！」と褒め讃えます。

　合わせるためには、まず聴くこと。友だちと融けこむような声で歌うことも大切なこと。それを意識して、いろいろな言葉に換えて授業を進めていくと、結果的に声が揃ってきます。みんなで歌うと、1人では成しえないことができる。ダイナミクスにしても、1人で歌うのと大勢で歌うのではスケールが変わる。「みんなと協力してつくり上げていく」ことに、興味と価値を見出せるようにしてあげましょう。

　「つられまい」とは対抗する、抵抗することですよね。大切なのは、その対極にあること。**音楽は、人と争うためのものではなく、理解し合うためのもの**なのですから。

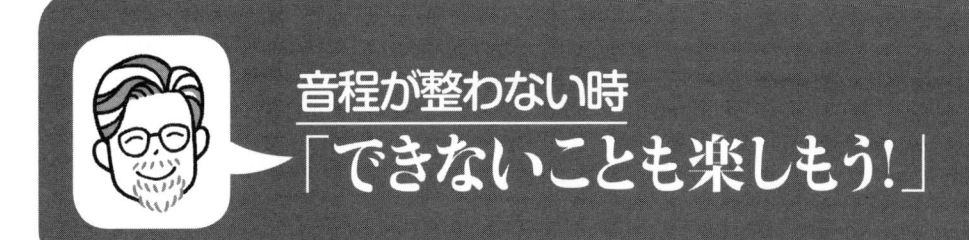

音程が整わない時
「できないことも楽しもう！」

「君は音がずれているよ」と言ってしまうのは簡単です。最後にはそう言わなくてはならないかもしれませんが、その前にできうる限りの手立てを試すべきです。「君は音がずれるんだから、本番では歌わないで！」とは、絶対に言ってはいけません。

何事も、できる子がいればできない子もいます。難易度が上がれば、できない子は必ず増えるのですから。

まずは、先生が歌ってみせる

音程を修正するための指導の基本は、まず先生が範唱し、子どもにそれをまねさせることです。1回や2回では直らない子もいます。その場合は、「**少し低いかな。ミー♪**」と先生が範唱しながら矯正し、それでもダメな場合は課題として持ち越します。

何がなんでも音程を整えようとして、「違う違う！　ミだよ、ミ！」と畳みかけると必ず失敗します。なぜなら子どもを追いこんでしまうから。「できないよ、できないよ……僕は下手なんだ、ダメなんだ……」と思いこんでしまう。それは決してよいことではありません。

逆に、上手にできた子を「○くん、**素晴らしい。天才！**」と短く褒め称えて、「**さあみんな、○くんのまねをしよう**」と言うこともありますよ。そうすると、他の子たちも奮い立ちます。だって負けたくないですから！

> **NG**　……というものの、かつては私も子どもを追いこんでいました。「できないことがいや」というのは、よく考えてみれば「子どもではなく、私（教師）自身がいや」ということだったのかもしれません。「自分が教えている子」ができないことがいや。だから、しつこくしつこく指導してしまった。しかも、効果的な指導方法を知っているわけでもないのに……。それは「子どものため」と言いながら、他でもない自分自身のための指導だったのです。

ちなみに、**歌が「合っていない、すっきりしない感じ」がする原因は、音程だけとは限りませんよ。**フレーズの作り方、言葉の扱い方がずれていても歌は揃いません。でも、低学年からこのようなことに口を酸っぱくするべき

ではありませんので、それらを整えるためには言葉で指導するよりも歌ってみせます。「ねえ、こういう歌い方はどう？ かっこいいだろ？ みんなもやってみる？」と……。

音程の悪さを最初から指摘する必要はない

　元気があって意欲に満ちているような子は、だいたい大きな声で歌うものです。そこで上手に歌える子もいますが、多くはやはり音程に課題を持ってしまいますね。自分の声を聴いていないから正しい音程が取れない。そういう時には、「小さい声でも歌えるかな？」この一言だけで、ずいぶん変わります。**声を小さくすることで、自分の声を客観的に聴けるようになるのです。**

　音がずれていることに、本人が気づかない時……はじめのうちは誰しもそうです。最初から指摘することはありません。気づかせなくてはならない場合でも、具体的には注意せず、「あれっ？ ちょっと他の子と違う音が聴こえたぞ」とだけ呟いてみます。

> **NG** ここで留意しなければならないのは、他の子が音のずれている子を指さしたりすることです。だから、それに先立って「人を責めない、指ささない」ということも言い含めておかなければいけません。それでも指さした子がいた時は「あれっ!? 誰かな、いま指さしたの？」とすかさず牽制します。「指さした人の音が、実はいちばんあやしかったりして」などと冗談めかして（笑）。
>
> 　それから「人間というのは失敗したり、間違えたりしながら学んでいくものだ」ということも教えておくべきですね（25 ページ「先生が間違ってみせ、謝ってみせよう」も参照してください）。子どもとは残酷なもので、「ヘンなの！」と思えばそのまま口に出してしまいますから。

　そうこうしているうちに大半の子の音程は整ってきますが、まだ外れる子がいた場合は、列ごとに歌わせる手もあります。それでもダメだったら、「**周りの音を聴いてごらん**」と声をかける。場合によっては、「**ちょっと聴いてみてくれる？**」と短いパッセージでいったん歌うのをやめさせ、聴くことだけに集中させます。それでもできなかったら、そこでとりあえず指導を終わりにする。**何度もしつこく指導してはいけません。**次の時間があります。1学期でだめなら2学期があります。1年生でだめなら2年生があります。**課題はいくら持ち越しても問題ないでしょう。**

階名唱とハミングで解決！

　跳躍するフレーズ（たとえば、「ミソファミレーソー」）がどうしても定まらない時は、まず階名唱です。その時「ミソファミレー、ソー」と、跳躍する前にわざわざ一呼吸空けるケースが多いのですが、それではフレーズ感も

なくなってしまう。そんな時は「ソに行く時は丁寧にね」と言うだけで、スムーズな跳躍になりますよ。

　階名唱で解決できなければ、ハミング（49ページ参照）で歌ってみましょう。ハミングではレの時の響きを保ったまま、自然な形でソの音を取ることができます。音を出してから押し上げるように音程を修正することが、必然的になくなるのです。さらに、声が澄んでくるので耳も澄んでくる。ピアノや周りの声、自分の声もしっかり聴けます。

　全曲通して練習する必要はありません。気になる部分だけを取り出して、このように修正すればいいのです。「はい、ドレミで歌って！　次はハミングで！」とテンポよく指導すれば、1フレーズにかかるのは1分以内。1ヶ所がうまく解決できると、他のところも同じ手法で練習できるし、子どもたちもどんどん要領がよくなってきます。できるようになるスピードがぐんぐん上がってくるのは、実に小気味よいものですよ。

　大切なのは、「最初から完璧をねらわない」ということ。はじめから全体をレベルの高いものにしようと思わないで。「1つできればいい、時間があるなら2つやればいい」ぐらいの心構えでちょうどよいのです。

できないことも楽しもう

　今日できるようになったとしても、次回また同じ場所でつまずくかもしれません。もし、あらかじめ「ここは確実に音が取れないな」と思う箇所があるのなら、通して歌うより前にそこだけ練習するのも手です。

　「先週やったでしょう、なんでできないの！」「またダメなの!?」と声を荒げるのはやめた方がいい。ただ、同じ台詞でも口調や態度によっては効果的なこともあります。「またここを練習しなきゃいけないのかよ！」と吐き棄てるのと、「え〜、またここ〜？（笑）」とニヤニヤ応酬するのとでは全然違う。「しょうがない、やるか！」とハキハキ取りかかるのと、「しょうがねーなー。やるかぁー」とぼやくのでは違う。

　行きつ戻りつする練習を楽しむ、できないことを楽しみながらできるようにする。旅行好きの人は「トラベルはトラブル」などとよく言いますが、それと同じように「トラブルを楽しむ」という気持ちになれるといいですね。**できるようになっていく過程を楽しむ余裕が持てると嬉しいですね。**

トーンチャイムで奇跡が起きた！

　音程を直す時に、ピアノを弾いて正しい音を示すでしょう。その時に注意したいのは、**絶対に「違う違う、この音！」とガンガン打ち鳴らさないこと。**逆に細心の注意を払い、小さな音で弾いてみせます。音を小さくすれば、自分から聴こうとしないと聴こえない。だから、聴くためにいっそう耳をそばだてるのです。

和音を整える時などに正しい音程を示すには、トーンチャイムを使ってみてください。大人は「ピアノでもトーンチャイムでも高さは同じだろう」と思ってしまうものですが、子どもはまったく違う感じ方をしているようで、音高だけではなく音色も聴いたとおりにまねしようとするのです。子どもたちはトーンチャイムの音色に似た、ほれぼれするような美しい声を出しますよ。グロッケンでもできますが、鋭い音にならないよう、柔らかいマレットでそっと叩いてください。

　トーンチャイムを鳴らした時の1年生の声には「すごいな、この子たちは！」と心底驚きました。でも聴くことも、聴いた音をまねることも、子どもたちが本来持っている能力。子どもというのは本質的に、正しいものをたくさん持っているのだと思います。私たち教師の役目は、それを引っ張り出してあげることなのですね。

歌えるなら、その音楽を理解できている

　「正しく歌えるかどうか」というのは、その音楽をきちんと捉えられているかどうか、その曲が自分の中に入っているかどうか、ということでもあります。旋律を正確に理解しているか、音程の変化を捉えているか、音楽の流れを把握しているか、さらにどういうブレス（つまり、どういうフレーズ）で歌うか、その曲に合った音色、発声はどんなものか……歌うためには、そういうことをすべて考えなければならない。逆にいえば、歌うことを通してその曲の仕組みを頭と身体で理解し、再現できるようになったなら、楽器に持ち替えても豊かな音楽を奏でられるはずです。

　だから、実力のある吹奏楽部は歌も上手でしょう？　ある中学校の吹奏楽部は日頃から歌を練習に取り入れ、パート譜を全部歌ってみるそうです。顧問の先生は「歌えなければ上手に演奏することはできません」と仰っていました。器楽でも「歌心」という言葉を使いますしね。

ハーモニー（和音）が整わない時
「2つの音が融け合おうとしているかな？」

　ハーモニーの指導で子どもたちに教えるのは、まず「**聴く**」ということ。2番目に「**合わせたい**」という気持ちを持つこと、そして3番目が「**聴き合うことに心を向けること**」です。「ハモっているか・いないか」は、実際のところは「音程が正しいかどうか」ということですが、「その音は高いよ」「低いよ」という指示よりも、「**2つの音が一緒になろうとしているかな？**」と呼びかけます。「一緒になる」というのは、もちろん「2つのパートが同じ音高になろうとしている」ということではなく、ハーモニーとして「融け合う」ということです。

　それがうまくいったら「**耳が喜ぶよ！**」、そして、「**もっとうまくなると、身体が喜ぶんだよ。それを、『感動』っていうんだよ**」と伝えてあげましょう。はじめから専門的な言葉を使って指導することもできますが、このようなことは、やがて高度な合唱をやるようになっても、ずっとずっと大切にするべきことですからね。

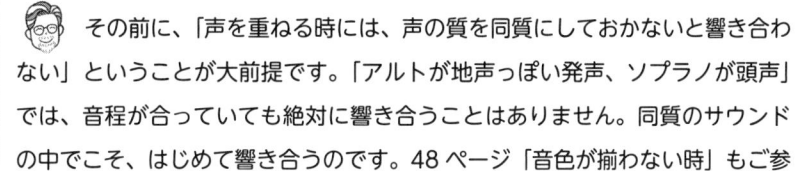

> 　その前に、「声を重ねる時には、声の質を同質にしておかないと響き合わない」ということが大前提です。「アルトが地声っぽい発声、ソプラノが頭声」では、音程が合っていても絶対に響き合うことはありません。同質のサウンドの中でこそ、はじめて響き合うのです。48ページ「音色が揃わない時」もご参照ください。

全員で全部の パートを練習

　新しい楽譜を配ったら、最初に歌詞を読む。その後、まずメロディーを歌ってみます。メロディーがソプラノとアルトで行き来する曲だったら、「**ハイ次アルト行くよ、ここからはソプラノ、またアルトに戻る……**」などと言いながらとにかく歌ってみて、曲の全体像を掴みます。メロディーラインをつなげて歌えるようになったら、それぞれのパートの音取りを始めます。長い曲なら最初から最後までをいっぺんにやらず、フレーズや場面ごとに音取りをして「よし、ここまでできたからちょっと合わせてみようか」という感じで練習を進めます。

　合唱の時は、すべてのパートを全員で練習します。「どのパートも歌えるこ

と」が1つの目標。子どもたちは歌うために集まっているのですから、「歌っていない時間」はできるだけ少ない方がいいでしょう。

それに、ハモるため、聴き合うためには、自分のパートだけを覚えていればいいというものではありません。他のパートを覚えることで旋律が自然になじみ、合わせた時に他のパートも聴きやすくなります。

各パートの音が取れたら、聴き合いながらパートを合わせてみましょう。きれいに合わせるためにはまず、すべて p で歌うことです。1回目はうまくいかないでしょう。でも、何も言わず「じゃあもう1回やってみようか……」と何度か繰り返してみる。そうすると、多くの場合はだんだん自然に合ってきます。

自信がついてくると、子どもたちの声は次第に大きくなってきます。いきなり大きな声に戻すのではなく、「**じゃあ、少し大きな声にしてみよう**」「**もう少し大きくしてみよう**」と、**少しずつ少しずつ……できたハーモニーを崩さないように、慎重にボリュームを上げていきます**。

聴き合える環境を整えてから

自分たちのハーモニーがどう聴こえているかや、バランスはどうかということは、ある程度キャリアを積まないと、歌っている本人たちが把握するのは難しいものです。先生がうまく導いてあげたいものですね。

自分たちが作っているハーモニーを客観的に聴けなくなっていて、「合っているのか合っていないのかわからない」ということもあります。「自分の声が大きすぎて他の人の声が聴こえない」という原因がまず思い当たりますが、「周りの環境が騒々しい」ということもあるでしょう。他にも、相手との距離が不適切だったり、その場所の響きが悪かったり……。

騒々しいといえども、「うるさーい！」とか「静かにしろ！」とか言っているような状態なら、声や音程ばかりでなく、気持ちが揃っていないということです。子どもたちの興味や関心を引きつけ、子どもたちの集中を離さないで保てるかどうかは、私たち指導者の技量にかかっています（11ページ「気が散って、歌に集中できない時」も参照してください）。**子どもたちの気持ちが美しいもの、よいものに向かわない限り、ハーモニーは成り立ちません**。

「アルトにソプラノが乗っかる」の意味

ハーモニーを整えるためには、パート同士のバランス調整が必要になりますね。私の好みは「清らかで柔らかく、ふくよかさを感じられるサウンド」なので、それを目指してハーモニーのバランスを整えています。そのためにはやはり基本的に、しっかりしたアルトの上にメッゾ、その上にソプラノがポンと乗っかっている、という形にします。「低音パートでしっかり支え、高音のパートが軽く乗っかる」という考え方の理屈は、低音が鳴らしている音

の倍音に高音のパートを重ねる、ということです。既に倍音として出ている音をなぞるようなイメージですね。ですから、ここでも「聴く」ということが重要になります。

　オブリガートなど、ソプラノがかけ離れて高い場合はいっそう注意を。静かな曲では、ソプラノが突出してしまうと気になりますね。この場合は、ソプラノの人数を普段より絞りこんだり、声量を抑えて存在感を薄めにしたりすることを心がけるとしっくりまとまります。

　逆に、曲のエンディングで長い音符を*ff*で歌い上げる場面など、ある程度迫力が要求される時は、高音がいくら出ても邪魔にならないこともあります。それまでは2部合唱だったのに、エンディングだけ3部・4部になるケースも多い。パートごとの人数が減るので、どうしても薄くなりがちですよね。子ども数十人で、迫力のある4声体を鳴らしたい……そういう時は輪郭をはっきりさせるために、上の声部に厚みを持たせるのも1つの作戦です。

ピアノの和音に、歌を融けこませる

　「ソプラノとアルトの音程が合っている、合っていない」だけではなく、ピアノが鳴らす和音全体の中に歌が融けこんでいるかどうかも重要です。特に洒脱な和音進行の曲や、意外性をねらった和音が使われている時などは、「和声のサウンドの中に歌を融けこませること」が大きな課題の1つになります。ただ単に「音程が正確ならばいい」というわけにはいきません。音程だけではなく、声の音色や言葉の扱い方……母音や子音の処理、リズムのわずかな間なども、それを左右する条件になります。とはいえ、子どもにどう伝えるかというと、これもやはり「聴く」しかないんです。「**とにかく聴いて、ピアノの音に融けこむことと、歌詞がきちんと聴こえるようにすること**」と話すのみです。

　子どもたちに伴奏だけを聴かせることもあります。他のパートの旋律を覚えるとお互いに聴き合いやすくなるように、ピアノのサウンドをいったん聴いて覚えていれば、子どもたちも比較的すんなりとその中に入れます。ピアニストにも子どもの声を注意深く聴き、タッチや和音のバランスにも細心の注意を払っていただきたい。アルペッジョのスピード1つが、和音のバランスを左右することもあります。

　ア・カペラ（無伴奏）では、ピアノの支えがありませんね。歌いながら、お互いに伴奏の役割を務め合うことになります。ですから、伴奏が入っている時よりもさらに聴き合わないとうまくいきません。

「協和音」「不協和音」って?

　「3度・6度は気持ちいい音程」「2度・7度は気持ち悪い音程」という説明の仕方……私もそう習いましたし、かつて子どもたちにそう教えていたこ

ともあります。しかし、日本語に訳した時に「協和音」「不協和音」という言葉になってしまいましたが、その実体はただ単に「周波数の比が単純な数になるかならないか」ということですよね。いいとか悪いとか、きれいとか汚いとか、そういう意味は一切ないのです。

　隣同士の音だとうなりを強く感じますので、「ぶつかる」感じはしますけれども「汚い」ということではないし、倍音を重ねていけばどこかで必ず協和音程になる。不協和音程は緊張感や不安感、エネルギーの蓄積、というイメージも持っていますね。協和音程には、スカッと安定している半面、ある意味で空虚な響きであるという一面があります。「協和音」「不協和音」という字面から、プラスやマイナスのイメージが浮かんでしまいますが、それに囚われることのないように。

　「協和音」「不協和音」という言葉や、理屈を知らない子どもたちは、協和音程も不協和音程も同じように慈しみ、楽しんでいますよ。不協和音と呼ばれる音程のハーモニーが、感動を生みだすことも往々にしてあるでしょう？むしろ、不協和音の方が感動の要素は強いかもしれませんね。**くっつきすぎると離れたがる、離れるとくっつきたがる、そして最後は安定したがる……そんな和音の連なりがつくる音楽の流れを、豊かに感じることが大切なのではないでしょうか。**

　ドとソの関係、ドとファの関係、ドとミの関係……それと同じように人も1人ひとり違って、それをつなぐ関係も違う。でも、バラバラではいけないんです。いろいろな関係の人とわかり合うこと、理解し合うこと。違う1人ひとりが、それぞれのハーモニーを大切につくっていくということ……それは、人生にとっても同じ。生きる上で大切なことですよね。声を「聴き合う」とは、そういうことだと思うんです。

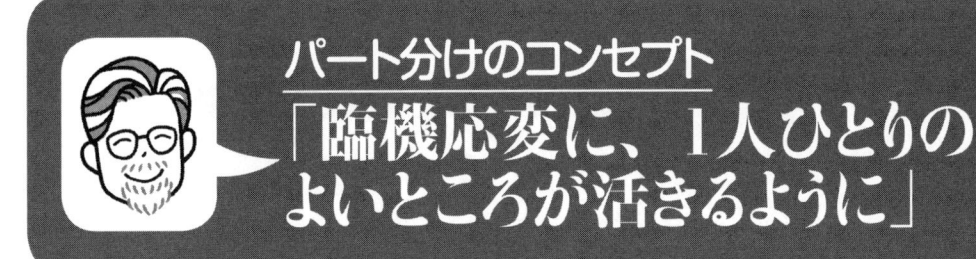

パート分けのコンセプト
「臨機応変に、1人ひとりのよいところが活きるように」

「みんながソプラノに行きたがる」という話、よく聞きます。アルトもやり甲斐のあるパートだし、3部合唱ならメッゾ・ソプラノは難易度の高い、繊細な仕事をしているのですが……。

子どもたちが「アルトはいやだ」と思うかどうかは、先生の指導次第です。まず、アルトが主旋律を受け持つ部分があったり、かっこいいメロディーをとったりする、「ソプラノ以外のパートがつまらなくない」曲を選びましょう。「アルトってかっこいい!」「アルトってきれい……!」という声が子どもたちから聞こえてくるようになります。あるいは、輪唱なら主役も脇役もありませんよね。

3年生は全員ソプラノで〈見習い〉!

本校の聖歌隊ではパートについて、子どもたちから希望を募るということは基本的にしません。**入隊した3年生はまず〈見習い〉と呼ばれます。「君たちは見習いだから、まだメロディーだけだよ」**と言われて、全員メロディーを歌って声づくり。子どもたちも、見習いという立場で精進することに納得しています。そこで様子を見つつ、「この子の声はアルトやメッゾの方が適してるな」と思ったら、それぞれのパートに振り分けていきます。

パートを割り振るための判断材料は、第1に声の音色。ふくよかな声、太い声を持っている子はもちろんアルトがいいです。でも、そういう子はえてして音域が広く、高い声も得意でソプラノでも活躍できそうなオールマイティーの子もいます。ソロを担っても輝くし、曲によって重要なパートがアルトだったりメッゾだったりした時に、そちらに移動させることもあります。

2つ目は音域の問題ですね。低音域が出ない子は、やはりアルトは厳しい。低い音が出せる子というのは限定されますので、アルトからメンバーが決まっていくことが多いです。逆に高い音が苦手ならソプラノは大変ですが、高音域は低音域と異なり、訓練をすれば解決できることが多いので、さして問題ではありません。

パートをさらに分ける

3部合唱ならソプラノ、メッゾ・ソプラノ、アルトの3パートがありますが、

本校聖歌隊ではさらに各パートを２つに分けて、全部で６グループを作っています。

❶	❷	❸	❹	❺	❻
ソプラノ		メッゾ・ソプラノ		アルト	

　もちろん６部合唱をやるためではありません。２部合唱・３部合唱、**曲や場合によって素早くパートを分け、人数を増減できるようにするため**です。
　たとえば、２部合唱ならまず①②③をソプラノ、④⑤⑥をアルトにしますが、曲が求める表現に応じ、①②をソプラノ、③④⑤⑥をアルトにする場合もあります。特別な場合は①だけがソプラノ、②〜⑥がアルトということもあるんですよ。
　３部合唱なら①②がソプラノ、③④がメッゾ・ソプラノ、⑤⑥がアルト、というのがスタンダードですが、「ここはメッゾが重要だから、厚みをもたせよう」と思えば、②をソプラノからメッゾに移したり、あるいは⑤をアルトからメッゾに変えたりします。「②の半分だけをメッゾに移す」など、微妙な分け方をすることもあります。この方法の便利なところは、パートの変更をすぐ指示できること。「このフレーズだけ、②の人をメッゾに貸して」などと番号で伝えれば、子どもたちにも分かりやすいです。

**パートを
行き来しても
いいんです！**

　「えっ、曲の中でパートを行ったり来たりしていいの？」と考えた方も多いかもしれません。「このフレーズはメッゾが主旋律だけど、少し弱いかもしれないね。ここだけソプラノの半分をメッゾに回したらどうかな」と言うと、「そんなことしたら審査員にバレます！」と焦る先生も少なくないのですが（笑）、そうやって細かく調整していいんです。コンクールで出演人数の規定があっても、各パートの人数や割合まで決まっているわけではないのですから。「ソプラノパートはソプラノ、アルトパートはアルトしか歌ってはいけない」というきまりはありませんし、メッゾがソプラノのメロディーを歌ったからといって、なんらとがめられることはありません。
　私も昔は、パートを渡るなんて考えてもみませんでした。でも、ハーモニーを追求していくうちに、どうしてもバランスを調整することが必要になる。あるパートのボリュームが物足りなければ別のパートから応援を回すし、逆にあるパートが鳴り過ぎて人数を減らす必要が生じることもある。それは楽譜の解釈、表現のつくり方にも関わる、先生の音楽性が問われる部分です。それに、音に出してみないとバランスはわからない。実際に歌ってみながら、柔軟に調整すればいいんです。
　男の子は変声期が来ればソプラノからメッゾやアルトに移ることになるし、特別な声質や音楽性を持っている子が曲の中で輝ける時や、「ここの部分はこ

の子の声が欲しい」と思った時は、ためらわず移動させればいいのです。**臨機応変に、とにかく1人ひとりのよいところが、その時、その音楽の中でより活きるパートに配置できるよう考えることです。**

> イギリスの聖歌隊にならい、ソプラノのうちいわゆるオブリガートやソロをやるポジションを「トップ・ソプラノ」と呼んでいます。より高い技術、よりよい音色、より豊かな音楽性を持っていることが条件になるので、みんなの憧れです。
>
> それに合わせ、特に低い音域を得意とし、朗々と歌うアルトも「スーパー・アルト」と名づけました。まれに大人顔負けの低音域を出せる子、人呼んで「スーパー・テノール」がいることもあります。

「君の声は、アルトにいるとすごくいい!」

見習いとしてソプラノにいる3年生の声を聴いていると、「この子は極端に高音域が苦手だな」と思う子にも遭遇します。そういう子はメッゾやアルトに回しますが、「君は高い声が苦手だから、アルトに行け」とは言いません。「**君の声は、アルトにいるとすごくいい!**」と言います。1人だけ声をかけられて、本人も周りも「すごいじゃない!」と驚きます。

そのままソプラノに残る子どもたちは、「ソプラノのお兄さんたちみたいな、高い声を出すこと」を目標にして頑張ります。だから、ソプラノの上級生も3年生のお手本になれるよう、誇りを持って歌っています。

見習いとして歌いながら上級生の姿を見て、「あのパート、あのお兄さんのいるところで歌いたい」と自ら申し出てくる子もいます。先輩に憧れて、「僕もあの先輩のようになれるように頑張るから!」と意気ごんで。**子どもが「あんなふうになりたい!」と思った時というのは、大きく成長するチャンスです。「憧れ」が原動力になる時は、苦労を苦労と思わないですから。**

> アルトが容易に歌えるはずのフレーズに手こずっている時、「こういうフレーズは、ソプラノの方が上手かもね?」とソプラノに歌わせてみる。すると、ソプラノは意気に感じて上手に歌うし、アルトはアルトで「俺たちのメロディーなのに、ちくしょう」と思うから頑張り、工夫しようとします。パート同士がお互いにプライドを高めながら学び合い、切磋琢磨し合える、よいライバル関係が築けるといいですね。

先生の覚悟を伝えておこう

その他の人間関係は、一切配慮しないことになっています(もちろん、実際には熟慮していますが)。「何がなんでもいやです!」というワガママは、本校の聖歌隊ではありません。なぜなら、「決定権は指導者にある」というこ

とを子どもたちが理解しているからです。相談などはするにせよ、「**この合唱の最終責任は、先生が持つんです**」と日頃から話し、**教師の決定の重み、教師の覚悟**を子どもたちに伝えるようにしています。

　ある子はインタビューで「聖歌隊で何をいちばん学びましたか？」と尋ねられ、「僕は人生そのものを学びました」と答えていました。あまりに大げさなのでその時は笑ってしまいましたが、確かに私は、「**人間はどうあるべきか、君はどういう人間になりたいか。私は君にこういう人間になってほしい、だから今こう言うんだ**」という話をよくします。それは時に、小学生の段階でわかるような話ではないでしょう。でも、**今の段階で完全に理解できるような、易しい話ばかりをしても仕方がないのかもしれません**。何年か経ってから思い返して理解するような話も時に必要だし、「先生の言いたいことは、どういう意味なのだろう……？」と思いながら頭の隅にしまっておくような話の聞き方もしてほしい。それは教育に従事し、子どもたちと一緒に何かをする時に避けては通れない、話さずにはいられないことだと思います。

　覚悟を示すこと、それから「尊敬されるような人間でいること」が、子どもたちから先生への信頼につながるのではないでしょうか。人間は、尊敬をしてない人に自ら従おうとは思いません。すべての分野で尊敬に値するような人間になることは無理ですが、こと音楽について、それから「どういう生き方をするか」については、子どもの先輩として一目おかれる自分でいなければならないと思っています。

表情記号から表現をつくる時
「これはどういう質の *mf* か?」

　f、*p*、クレシェンドにデクレシェンド、速度記号や表情記号……学校で知識として教える楽語の意味は、「強く」「だんだん弱く」などと決まった言葉で規定されていますね。だけど *f* はただ「強く」ではなく、曲の中では「勢いをもって」とか「元気よく」などの意味をもって書かれている。*p* も辞書では「弱く」という意味ですが、楽譜の中では「優しさを含む弱さ」「繊細さ」などを示したりしますね。場合によっては「ギリギリまで圧縮された緊張」のような表現のために *p* が書かれることもあります。

　子どもたちにはこれらを、楽譜の中、あるいは実際の音楽活動の中で実感しながら学んでほしいと思っています。これらの楽語は、曲づくりに直接生きてくるもの。ただ「ここは強くね」と言うのではなく、子どもたちが自分たちの思いやイメージを表現するための手立てにしてほしいのです。

> 　*f* では「強く」と「大きく」が混同されますが、ボリュームに関しては「強く」よりも「大きく」の方が自然な感覚だと思います。「もっと大きくして！」と何気なく言いますが、「もっと強くして！」とはあまり言わない。一方で音の圧力（気持ち）のようなものでは、「1 つひとつの音を大きく」ではなく「1 つひとつの音を強く」と言いますよね。
>
> 　それから、口調も重要な要素です。「大ーきく！」「大きく……！」「大きくっ！」では、伝わるニュアンスが全然違いますよね。

**日本語で想像を　　**
ふくらまそう

　強弱記号やイタリア語の表現記号だけではなく、日本語が書き添えられている楽譜もありますね。たとえば『一本の樹』（筒井めぐみ作詩／筒井雅子作曲）の楽譜には、最初の *mf* の隣に「堂々と」と書いてあります。「**これはどういう質の *mf* か**」という解説ですね。速度も「♩= 112 ぐらい」と書いてある横に、「生き生きと」とある。このように作曲家がその記号を選んだ意図が日本語で書いてあれば、もちろんすぐに理解できますね。この「生き生きと」「堂々と」などの言葉を子どもたちとイメージすれば、表現づくりに直接つながっていきます。

　日本語の表記から、さらにイメージを膨らませていくこともあります。

『Jupiter(祈り)』(内藤里永子作詞／ホルスト作曲／横山潤子編曲)の楽譜には、ピアノ伴奏の出だしに「しずくが生まれるように」と書いてある。そこから私は「どこでしずくが生まれるの?」と考えました。静かな森の奥で、朝露がぽつり……本当に耳を澄まさないとわからない、かすかな音が聴こえてきて、それがだんだんはっきりして……映画の始まりのようなイメージが浮かべば、それにふさわしいピアノを弾きたくなりますよね。

また、この曲の別のところには「カッコよくゴージャスな」という表記もあります。これはむしろ楽器の指示なのですが、我々の日常とつながる親しみやすい言葉が使われている。**イタリア語の表情記号も、このようなカジュアルな言葉に置き換えてみるとよいでしょう。**

発音でも p を表現しよう

強弱記号の読み方を具体的に考えてみましょうか。前述の『一本の樹』でははつらつとした mf のAメロの後、Bメロは p になっています。しかし「p か、なら弱く歌えばいいんだな」と短絡的に考えるわけにはいきません。大きな樹のことを元気いっぱいに歌うAメロに対し、木陰の優しさを語るBメロ、作曲者の筒井雅子さんがあえて p と書いたのは、「丁寧に、大切に」という意味合いなのではないでしょうか。

音楽的には「Aメロの広がりをぎゅっと凝縮した p」なのだと、私は解釈しました。その上で、音量だけでなく発音でもそれを表現しようと考える。子音を強めつつ母音を抑え、言葉を凝縮するような丁寧な発音に。すると、音量的にはむしろ f だったとしても、音楽としては「p」で表出され、大切なことをしっかりとささやくようなニュアンスを表現するものになります。

生き生きした音楽の流れを生み出そう

アーティキュレーションについてはどうでしょうか。**ただ「記号に気をつける」とだけ意識していて、音楽そのものを忘れてしまうことはありませんか?** たとえば『ゆかいに歩けば』(保富康午作詞／メラー作曲)。よく「スタッカートのお腹の使い方の練習」で重用されますが、私が気になったのは、スタッカートで頭がいっぱいになって音楽の流れが止まってしまうことです。確かにお腹を使う練習にはなりますが、単体の音の連続になってしまって、言葉・歌としての流れがない。「まずレガートで歌ってみようか」とも考えたのですが、その前に息だけで「スッスッスーススッスッスー」と息の流れを止めずに歌う練習をしました。お腹の使い方は当初の目的であるスタッカートの練習と一緒だし、かなり鍛えられる……つまりけっこう疲れます(笑)。

なぜ音楽の流れがなくなったかといえば、「何のためにスタッカートにするの?」というところが抜け、「スタッカートはブチブチ切りさえすればいい」となってしまったからでしょう。**「何を表すために、作曲者はここにスタッカ**

ートを書いたのだろう」と子どもたちに問うこともありますが、この曲では『ゆかいに歩けば』というタイトルからも明らかです。這うように「ゆかいに歩けばぁ……」とは言わないし、ロボットみたいに「ゆ・か・い・に・あ・る・け・ば」とも言わない。はきはきと「ゆかいに歩けば！」と言うでしょう。「ゆかいにあるけば」という音の中に言葉の流れがあり、それを歌にのせれば、そこに音楽の継続が生まれる。それによって、音楽が生き生きしてくるんです。

　息だけで歌う練習をした後にレガートで歌い、最後にスタッカートに戻すと、歯切れよくもフレーズ感のある、音楽的な表現に仕上がります。連続したお腹の使い方もできて、音楽の行きたいところ、行くべきところへ声がのってくる。そこで「今度は音を短めにしてみようか」と言うと、スタッカートも最初とまったく違う形に生まれ変わりました。

　子どもたちが音楽の流れの中にのってくる、音楽をうんと感じるようになる。すると音楽の流れに加速がつき始め、花開いていくのです。

指揮を見ることを学ばせたい時
「みんなで歌うことは、みんなでつくり上げるということ」

　「指揮」というと宙に図形を描くポーズが思い浮かびますが、それが指揮の役割なのではありません（当然ですが）。指揮の目的は「本来ある音楽の流れを読み取って、これからやってくる音楽を明示する」こと。加えて、その対義語である「暗示」……明確な指示だけではなく、雰囲気や気持ちに働きかけ、予感させることも。いずれにせよ、「先を示す」ことが指揮の役割です。

意地悪な指揮をするよ！

　指揮の歴史はご存知のとおり、杖で床を打つことから始まりました。メトロノームのように拍を揃えるためのものですね。練習のはじめの方では、私も基本的に指揮というより拍を打ちます。子どもたちもまだ楽譜に首っ引きですから。ただ拍を打つだけでなく、曲が8ビートになったら8ビートで、スウィングならスウィングで打ちます。

　おいおい指揮での練習を始めますが、**「指揮を見る」ということは学ばなければわからないことなので、その意識を育てる活動は大切です**。たとえば曲のしめくくりでこんなフレーズが出てきたら、指導のチャンスです。

　指揮は〈1・2・3・4・1〉でのばすか、4拍目の裏拍もカウントして〈1・2・3・4と・1〉と振りますよね。

　そこで、「今度は意地悪な指揮をするよ」と、〈1・2・3・4と〉で止める。指揮は止まったのに、何人かはフライングしてしまうものです。「ふふふ。**まだ指揮は動いてないよ！**」（笑）。「じゃあもう1回やろう。今度は間違えるなよ！」と何度か繰り返すうちに、指揮を見ること、指揮に合わせることに慣れてきます。全員が指揮を見て、ぴったり揃えられたら「おお、ばっちり。すごいねえ。**みんな指揮を見られるじゃない！**」。

　こうして指揮を見ることを学べたら、その後は拍だけではなく、強弱などもきちんと読み取れるようになります。

子どもに背を向けて指揮をする

　指揮を見ることがしっかり定着している子どもたちと、仕上げの段階でときどきやるのが、曲の途中で突然指揮を小さく振ったり、時には手を止め、視線や雰囲気だけで音楽を伝えようとすること。それでも子どもたちは歌い続ける。これがものすごい緊張感を生み、歌が研ぎ澄まされます。

　それから、子どもたちに背中を向けて指揮をする。子どもたちは戸惑いますが、それでも指揮を読み取ろうとします。**どうにかして指揮者の意図を探ろう、わかろうと、向き合っていた時よりも強く思うんです。**

　この活動の意義はもう1つあります。当然ながら、先生からも子どもの姿が見えなくなりますね。そうすると、先生も子どもの声をより聴くようになる。**日頃子どもたちに「聴き合いなさい」と言う私たちですが、これは先生自身にもあてはまること。**「子どもたちの声やピアノを聴きましょう」と申し上げたい。偉そうで恐縮ですが、私自身ができていなかったからこそ、お伝えしたいんです。特に練習が足りていない時……不思議なもので、練習が不十分ならより聴くべきなのに、聴けなくなる。「指示を出さなくちゃ、伝えなくちゃ」と、自分から「発信する」ことだけでいっぱいになって、子どもたちやピアニストの音楽を「受け取る」余裕がなくなってしまうのでしょうね。

　指揮者と演奏者のコミュニケーションは、一方通行ではなく双方向のものなのです。特に本番で音楽の流れに浸れた時、「この音楽はこう流れていくんだ、次の音楽はこうなるだろう、だったらこういうふうにしよう、それならその次はこうしたい」という、音楽を介したコミュニケーションが舞台の上で生まれる。もちろん言葉は交わせませんが、まさにこれこそが「音楽を共有しながらつくっていく瞬間」だと思うんです。指揮者と演奏者が一体になり、互いの意図を読もう、わかろう、応えようとして、今生まれている音楽を理解し、次の音楽をイメージして、互いに引き合いながら一緒に音楽を生み出していく……最高に幸せな時間ですね。

　これは練習と習熟に加え、本番の緊張感、それらがすべて備わった時にしか成しえないものですが、その場でしかできない、2度とない音楽、それがうまくいった時の幸せは、何ものにも代えがたいものです。

> 　また、ピアニストの力はとても重要です。伴奏とは、ただピアノを弾いてベースや和音を入れるだけではない。歌が弱いところで補助したり、合唱の推進力になったり、音楽的なポイントを強調したりすることも大切な役目です。特に小学生には理屈で音楽を説明するより、ピアノで無意識のうちに導くような部分も大きいです。音楽はいったん始まったら、終わるまで着地できないもの。そこで合唱をリードし、音楽の流れを淀みなく引っ張ってくれるのはピアニストです。指揮者が先を読んで音楽を導くにも、まずピアニストと理解し合えないと始まりません。

合わせたいと思うから、指揮を見る

　指揮を見て、みんなで合唱するとはどういうことでしょうか。大勢で歌う時には、声を張り上げないと自分が埋もれてしまう気がするけれど、実はその逆で、いっそう周りの声を聴き、「合わせよう」と意識しないと歌えない。聴き合って相手の歌に乗っかる、自分が乗っかると相手も乗っかってくる……無限の相乗作用が生まれ、音楽の渦が湧きおこってくる。自分の声を主張したいと思う一方で、音楽の中に自分の声が融け合うことに気持ちよさを感じられるように、人間はできているみたいです。一緒に歌って、聴き合って、サウンドが生まれる。みんなで歌うことは、みんなでつくり上げるということ。そこには、言葉を超えた理解のようなものさえ生まれます。

　その喜びを味わいたいと思う時、演奏者は指揮者を見ます。見ないと合わないから。合わせたいと思うから、みんなでよい音楽を生み出したいと思うから、指揮を見るんです。

子どもたちのリーダーを選ぶ時
「投票した自分も責任をとれるか？」

　異年齢の子どもが集まり、子ども同士で協力し合いながら進める合唱団活動では、子どもたちのリーダーが活躍する場面も多いですね。子どもが子どもの上に立つとは大変なことです。どこの学校でも、リーダーたちは笑ったり泣いたりしながら、仲間や先生の期待に応えていることでしょう。

　本校の聖歌隊では6年生の隊長が1名と副隊長が2名、1年間の任期を担っています。パートは流動的に変わるので、パートリーダーはいません。

6年生全員の中から、隊長を選ぶ

　隊長・副隊長の選出方法は、聖歌隊全員による投票です。**立候補や推薦ではなく、新6年生全員が候補になります。**誰に投票するかを考える時の基準は、**「自分がその人にちゃんとついていけるか」「これから先を任せられるか」**、そしてそれらについて**「投票した自分も責任をとれるか」**。

　6年生が十何人いても、票は割れません。ある程度実力が伴っていて、人間的にも信頼できる子が自然に票を集めます。子どもといえども小さな社会ですから、何年も一緒に歌っていれば、誰が信頼に値するか、誰にリーダーシップがあるか、お互いにわかる。子どもの目というのはまず狂いがありません。私としては「あれ、この子が隊長であの子が副隊長か。逆だと思っていたんだけどな」という誤算があるかないか程度です。さらに、私があまりリーダー型だと思っていなかった、控えめな子の長所も子どもはしっかり捉えます。子どもの評価の的確さには、私も脱帽することしきりです。むしろ我々大人には見せない、子ども同士の顔が見えているからかもしれませんね。

　ワガママな子や、自分勝手な子が隊長や副隊長になることは絶対にありません。私が日頃「どういう人間が信頼に値するか」という話をしていることも、票を託す人を決めるためのヒントになっているのかもしれません。

　卒業する6年生にも「自分たちが務め上げた後に、残った後輩たちのリーダーとして、誰がふさわしいか」と投票する権利があります。ある年、6年生たちが「あいつはあまりにもだらしないから、隊長にしてみんなで鍛えれば否が応にもしっかりするだろう」と相談して、ある子を隊長に仕立て上げてしまいました。

> 本人も大変だし、他の子たちも大変でした。隊長がみんなに伝えることも、導くこともできず、他の子たちも動きがとれません。しかし卒業生たちも彼らなりに熟考して選んだことですし、子どもたちに任せると決めた以上、私も腹を括りました。「人の上に立つというのはこういうことだ！」と私に何度も叱られながら、彼は１年の任期を全うしましたよ。

仕事の進め方は千差万別

　隊長・副隊長の仕事は、指導者である私からの連絡事項をメンバーに伝えたり、下級生の面倒を見たり、ウォーミングアップを進めたりすることです。仕事の内容は毎年決まっていても、どうやってそれを進めるかは各年の隊長・副隊長のやり方に任されているので、それらの仕事を全部自分でやろうとする隊長もいるし、命令調で他の子に仕事を割り振る隊長もいます。**私はわざと音楽準備室から出ずに、今年の隊長や副隊長がどうやって仕事を進めていくか、まずは観察することにしています。**

　隊長と副隊長の３人はよく相談を重ね、私に子どもたちの間での決定事項を報告してくれたり、活動の提案をしてくれたりします。「先生、それではここをこうします」「先生、次は〇〇があるんですけどどうしましょうか」と、実にしっかりしたものですよ。

　特に、放課後の短い練習時間をいかに効率よく使うかというのは、聖歌隊の運営における長年のテーマです。たとえばある隊長は、練習の後片づけの時、１人ずつバラバラに楽譜のファイルをしまいに行くと、それだけでかなりの時間がかかることに気づきました。ファイルを５人ぐらいで集めて１人が戸棚に持っていくようにすれば、５分の１の時間で済む。他の子たちはその間に椅子を並べたり、使った練習道具をしまったりするように分担したら、片づけがもっと早く終わる。隊長と副隊長でその仕組みを作り、メンバーにも徹底していましたよ。

「合唱部の子は成績がいい」ってホント？

　「合唱部の子は成績がいい」というのはどこの学校でも聞かれますが、これも当然のように思えます。年に何度もある学校内外のステージやコンクール、定期演奏会や大きなイベントに向け、何曲も仕上げなければいけない。それも、限られた時間でなんとか完成させなければいけないと思うと、知識や知恵、感覚をフル活用することになる。そういった作業を小学生ながらに日常茶飯事でこなしていれば、集中力や思考力など、勉強にも役立つ基礎的な能力も養われてしかるべきでしょう。

　合唱に限らず、スポーツなどにしても、**「何かに打ちこみ、効率を上げようと努力する」**ということが、子どもをぐんと成長させるのでしょうね。

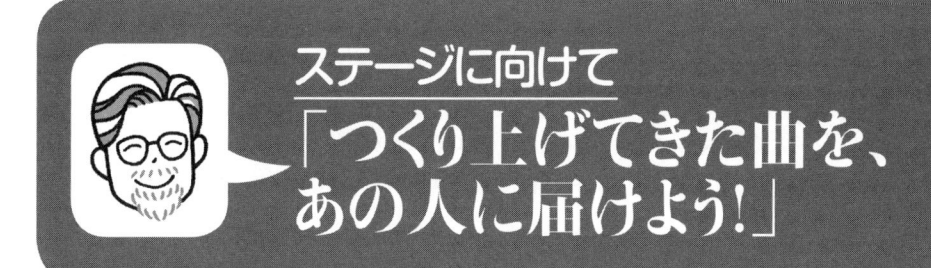

ステージに向けて
「つくり上げてきた曲を、あの人に届けよう!」

ステージリハーサルで心がけること

本番を控えたリハーサルでは歌だけではなく、並ぶ練習、入場・退場の練習もします。衣装や靴に不慣れだと歩くにも神経を使い、いっそう落ち着けなくなりますので、本番の衣装を着て歌う練習もしておきたいところです。

でも、どれだけ練習しても本番ではまったく違う場所に立っている……なんてこともあります(笑)。入念にステージリハーサルをしても、眩しいスポットライトが点き、客席にはお客様がいて、リハーサルと本番とではまったく違う世界が広がっているのですから。

歌う時の目線についても話をしておきましょう。「『**先生を見なさい**』と言うけど、**先生を見ていてはいけません**」とか(笑)。禅問答のようですが、真意は「指揮を見るとはいえ、意識は指揮者で留めず、その先へ向けなさい」ということです。「**舞台で歌うと、声が戻ってくるんだよ**」と言うこともあります。これも矛盾しているようですが、ガーッと歌いっぱなしにするのではなく、ステージから客席全体を循環し、自分のところへ戻ってくる響きを聴くようなイメージを伝えたいのです。オープンなステージであれば、「**声が飛んでいって……飛んでいって……最後はピカッと光って、宇宙へ飛んでいく!**」などと話します。スケールの大きなイメージが持てると、子どもたちの歌い方も大きく変わります。

> **NG** 舞台上では、音楽的でないことはできるだけするべきではないと私は思います。たとえば、指揮者が指揮棒を上げた途端に、ザッと足音を立てて姿勢を揃える団体がありますが、ステージ上で音楽ではない音を意図的に立てるのはどうかと思いますし、それなら並ぶ時に歌う姿勢を整えておけばよいのでは。もちろん、そういう演出がふさわしい曲を演奏するのであれば別ですが……。

見た目はお客様へのサービス

本番ではやはり、見た目の美しさを重視したいものです。**ステージとは「お客様に対してのサービス」**ですから、**雑然としていればお客様に不快感を与える要素になりえます**。具体的には、背の順で整えます。

前の段が背の低い子・後ろの段が背の高い子、という形がスタンダードで

すが、ひな段に乗る場合は少々留意してください。段がすごく高かったり、1段目と2段目・2段目と3段目の段差が異なったりすると、子どもたちの身長の差が必要以上に増幅されてしまいます。先生はどこに目線を合わせればいいか難しくなるし、上の段の子は先生を極端に見下ろすことになるので、姿勢も悪くなります。可能であれば、先生も実際に立ってみて、子どもの視界を確認してください。

「声の大きい子や上級生を前に、声の小さい子や下級生を後ろに」と考える先生も多いですね。確かに先生が立つ指揮台の位置からは、その方が上手に聴こえるでしょう。でもホールの、反響板のついたステージで歌うのならば、会場に届くのはステージ全体の声です。下級生を支えるためにも、しっかり歌える上級生が後列に入る方が理にかなっています。

また、子どもたちのご家族は「うちの子が見たい」と思ってステージを楽しみにしています。それも充分に考慮すべき要素ですよ。先生が指揮台に上がると、先生の正面の子は客席から見えにくくなることにも気をつけて。すべての問題を同時に解消することはできませんが、できるだけ細やかに気を配るほど保護者も満足され、合唱活動を応援したいという気持ちにもつながることでしょう。

> あまり響きがない会場で歌う場合は、あえてパートをゴチャゴチャに混ぜて並びます。すると、合唱団の中で残響を作り出すような効果が出ますよ。ただし、これは隣が同じパートじゃなくても大丈夫なくらい、1人ひとりが自信を持ってしっかり歌える時だけに使える裏技です。

練習は時間よりもメリハリで

大きな舞台やコンクールの前は、「できるだけ練習時間を取らなくちゃ」と思うものですね。でも私は、**取れる時間すべてを練習のために確保すべき、とは思いません**。夏休みはコンクールのために、朝から夕方まで毎日みっちり練習するべきでしょうか？　合唱をするために夏休みがあるわけではない。家庭で日頃できないことをすること、暑い夏を遊んで過ごすことだって、子どもたちにとっては大切なことです。本校ではコンクール直前でも練習は1日最大3時間、お盆前後には2〜3週間の休みをしっかり取っていました。

他の学校はお盆も練習しているかもしれない、もっと時間を取ればさらに上手になれるかもしれないのに、なぜそう割り切ったか……といえば、短い時間でメリハリをつけて練習する方向にこそ工夫を凝らそうと思ったからです。限られた時間だけで仕上げなければならないからこそ、工夫をしなければならないと思える。**厳しい状況でなんとかしようとするからこそ、ひらめきが生まれるんです**。

> **NG** かえって時間がある方が、「練習しなくては」という不安にかられるのではないでしょうか。中学生や高校生にいたっては、「先輩たちはこんなに練習したんだから、私たちはもっと練習しなきゃ」という発想ですよね。真面目な部ほど、「先輩たちの練習から学び、私たちはさらに効率をよくして休みを増やせるように工夫しよう」とは考えない。私のような怠け者はそう考えるんですけど(笑)。

　練習時間を短くするのは自分自身にとっても大きな決断ですが、子どもたちにも「**時間をかけるなら、できるようになるのは当然だろう？**」と言い聞かせました。「**今日は3時間使ったけど、明日はもっと効率を上げられるように頑張ろう。やるべきことが終われば、3時間の予定でも2時間で終わりにしよう**」と、効率を上げること自体も目標にします。それを目指して頑張って、その日の課題を達成できれば1時間早く解散。子どもたちにも「**僕たちが頑張ったから早く終わったんだ**」というわかりやすい喜びがあります。

　とはいえ音楽にはゴールがないので、突き詰めようと思えばきりがない。でも、「ここまでできればいいんじゃない？」という小さな目標を立てるのも計画のうちです。「**よーしできた、今日はこれで終わり。帰ろう！**」「**わー！やったー！**」というところで、達成感が味わえる。できなければ、「**あーもう時間過ぎたよ！　仕方がないから今日は終わるけど、明日はどうやって練習すればいいと思う？**」と発破をかけます。それで次の日にきちんとできたら「**できてるじゃない！**」と喜び合うんです。

「心を1つにする」とは

　練習が短いなら、本番では少ない時間で培ったものを最大限発揮するしかない。そのための集中力は、先生が引っ張ってくるものです。子どもたちの状況をその場で判断し、的確な指示で雰囲気作りをしなければなりません。

　まず、浮ついていたらダメ。「**ダメだそれじゃ。集中してないならちょっと外れなさい**」ときっぱり伝え、様子を見て落ち着いてきたら戻します。それから、自信をなくしているのもダメです。「**大丈夫だよ！　できるよそこは！**」とつとめて明るく。そして「**さあ、行くぞ……！**」と、舞台に向かうんです。

　私はよく子どもたちと「今日は誰のために歌うか」を決め、お祈りをしています。本校はカトリックの学校なのでお祈りの習慣があるのですが、「**○先生にはとてもお世話になったね。みんなのために尽くしてくださった。さあ、今日は○先生に届けようか**」などと話して、子どもたちとお祈りをするのです。

　お祈りとは、よくいわれる「心を1つにする」ということの、1つの手立てといえるのかもしれません。大切な誰かに届ける、神様に届ける……真剣に祈ることで気持ちが散漫にならず、集中力が出てきます。「神様の学校には勝

てないよー！　神様がついてるんだもんな！」などと冗談を言われたこともありましたが、祈りによって集中できるという意味では、それも一理あるのかもしれません（笑）。

　もちろん「**会場にいらっしゃる方に聴いていただこう**」「**家族に届けよう**」など、具体的に自分に関わりのある人でもいいのですが、「**自分たちがつくり上げてきた曲を、あの人に届けよう！**」と思うことが、すごく大切だと思うのです。「届けよう」とは「伝えよう」ということ。自分たちが思っていること、自分たちが持っている声や、自分たち全体のサウンドで、見えない人に届けよう、伝えようと思って歌う歌は、つまり会場の人にも届いているんです。

　それから私が本番直前、最後に話すことは1つ。「**思い切って歌おう**」。それと、全員で鬨の声を上げます。舞台袖で大きな声は出せないから、無声音で「エイ、エイ、オー！」。

コンクールに参加してみよう
「コンクールで、真剣勝負を経験しよう」

コンクールに挑戦してみましょう！

「コンクールで子どもを競わせるなんて」と思う方も多いですよね。私も30代まではそう思っていました。それなのになぜ、コンクールに出場するようになったかといいますと……本校には昔から聖歌隊があり、それを私が引き継いで指導していたのですが、活動といえば学校行事で奉仕するだけでした。その練習だけで明け暮れる日々に、私も子どもも「なんかつまらないな……」と。ミサに奉仕するというのは意義あることですが、未知のものが何もない、限られた活動に、閉塞感があったのでしょうね。

そんな時、ふと「こども音楽コンクール」というラジオ番組を思い出したんです。要項を取り寄せたら、参加料がタダだった。「それならちょっと行ってみようか」と、コンクールへの参加を始めたんです（笑）。インターネットで情報を集められる時代でもなかったし、様子もよくわからないので、ポケット歌集に載っているような愛唱歌でエントリーして、とりあえず3日間練習して本番を迎えました。今思えばありえない体たらくですが、「知らない」とはそういうことです（笑）。

当日、会場に行ってみたら、他の学校は難しい曲を上手に歌っている。「わあ、みんな上手！　すっごーい！」と子どもたちも私もびっくりして、「どうやったらこんなにうまく歌えるようになるんだろう？」と、翌年以降も出場することにしました。

先生方も、1度はコンクールに出てみればいいと思います。「子どもたちがせっかく練習しているんだから、たくさんの人に聴いてもらえるといいなあ」と、発表の場を求める気持ちだけでいい。**地域で1番の大きな舞台に立てて、しかもお客さんはいっぱい……そんな環境、自分たちだけで作ろうと思っても難しいでしょう？**　立派なホールのサウンドを体感すると、子どもたちの声も変わります。

スポットライトを浴びて、人前で歌って、聴いてもらって、拍手をもらって……子どもたちも先生も、ものすごく緊張します。舞台の袖で出番を待っている時、子どもたちは「のどの奥が渇く……！」「足ががくがくする……！」と震えています。でも、歌い終わって退場する時の顔は晴れ晴れしく輝いている。それを見るとやっぱり、「またコンクールに出よう！」と思ってしまうんです。

〈真剣勝負〉を経験する場

　コンクールに出場することになれば、真剣勝負の時間が段違いに増えます。練習も、本番も真剣勝負。いい演奏をするためには、それだけの精進をしなければいけません。努力をしなければいけません。でも、**できることをできる限りの力でやる機会というのは、意外になかなかないものです**。コンクールに向けて演奏曲にじっくり打ちこむ過程では、練習のアイディアを否が応にも絞り出し、試してみることになります。それは、先生と子どもたちの実力を確実に育てます。

　コンクールを目指すための練習では、反復練習が必要になることもあります。同じことを何度もやることは苦しいものですが、反復練習に耐えられる精神力を身につけることは、子どもたちが将来どんな分野に進むにしろ役に立ちますよね。コンクールという明確な目標を見据えて、苦しさを伴いながら反復練習をする。それが実って、できなかったことができるようになった時の喜びを知る。いったんそれを味わうと、音楽でもそれ以外でも、反復練習の大切さ、目標と見通しを自分で立てられるようになるし、くじけそうになった時にも踏ん張れるんです。

　ゴールも目的もわからずに「一生懸命歩かされたり、時には走らされたりしているけど、どこに行くかわからないよ……いつになったら終わるかわからないよ……」というのは、子どもにとっては（大人にとっても）すごく辛いですよね。何をするにも、目標が見えて「そこまで行くには、これだけの努力をすればできるんだな」と思って取り組むのでは、心のありようがまったく変わります。

　技術だけではなく、人間的にも成長しますよ。コンクールに向け、子どもたちと目標を共有する練習では、その中で起きたアクシデントや態度について指導する時も真剣になります。本気さ、真剣さを先生がむき出しにすることもあるし、子どもたちも真剣に先生や友だちと関わり合うことになります。

一喜一憂せず、結果を引きずらない

　本校の子どもたちは、結果がよくても悪くても泣きません。見た目がクールなのか、「金賞をもらって当然みたいな顔をしている」と言われたこともありました（笑）。顔には出ていなくても、充分喜んでます！　嬉しがってます！　あるいは残念がってます！（笑）

　ただ、私は日頃から**「一喜一憂するな」**と指導しています。イチローはホームランを打ってもガッツポーズしない。それは真剣勝負の相手に敬意を表してのことではないでしょうか。自分たちも真剣だし、相手だって手を抜かないで真剣に挑んでいる。そんな真剣勝負の場で、必要以上のパフォーマンスをするなと……。

　終わった後も、大々的に祝賀会や反省会をすることはありません。**「よかったね。じゃあ明日は月曜日だ。しっかり寝て元気に学校来いよ！」**で終わり

です。悪い結果でも、子どもたちには「残念でした。**明日は休み。来週からまた練習を頑張ろう！**」で終わりです。もちろん、私自身では分析や反省をしますが、次のステージがまたすぐ控えていますので、じっくり祝杯にひたったり、落ちこんだりする暇はありません。喜ぶのも悲しむのも、その時だけで終わりです。

> **NG** ライバル校と火花を散らし、「打倒○○小学校」という目標を掲げる学校もありますが、音楽はわかり合う、理解し合うためのものであって、戦うための道具ではありませんよ。賞を目標にして頑張ること自体は否定しませんが、「打倒○○」は必要ないはずです。
>
> ある学校ではこんなこともあったそうです。コンクールで思うような結果が出せなかった翌日、先生が音楽室に行ったら、黒板に審査員などの悪口が殴り書きされていた。それを見て先生は激怒したそうです。先生はその時「私は間違っていた。子どもたちがこんなふうになってしまうのなら、コンクールにはもう出ない！」と思ったそうですが、それを機に子どもたちと先生とでよく話し合い、子どもたちは大切なことをたくさん学べたようです。その学校はそこで一段と成長し、今もコンクールで、胸を張って活躍していますよ。

コンクールが育てた、子どもたちの人間性

NHK全国学校音楽コンクール（Nコン）などでは、出演できる人数が決まっていますね。本校でもメンバーを絞る必要がありました。6年生はある程度優遇していましたが、やはり実力を鑑みず無条件に出られるというわけにはいきません。結果的にはそうなるよう仕向けますが。

でもある年、どうしても決められないことがありました。6年生の1人が、音域の非常に狭い子だった。それでも彼は自分でコントロールして歌えるところだけ歌い、歌えないところは他の子に委ねて次から歌い始めるということをしており、周りもその努力を認めていたのですが、彼を通せばすべての音域をそつなく歌える子の枠が1つ減りますよね。他の子たちもそれなりに努力して、課題曲も自由曲も歌える権利を得たんです。そこまで来るのに彼らがどれだけの努力をしたかと思えば、下ろすわけにはいかない。でもあの子も出してあげたい……もう泣くほど苦しみました。そうしたら、ある子が直前に「先生、僕は課題曲だけでいいです。○くんに自由曲を歌わせてください」と申し出てくれたんです。

今思い出しても涙が出ます。教師は私なのに、子どもたちの人間性は、いつの間にか自分を超えていたんです。本当に嬉しかった。大変な練習をしたり、メンバーを選んだりと、子どもたちを試練にさらしてまでコンクールに出る意義はあるのか、自分は間違っているんじゃないかと何度も思っていましたから……。でも、その人間的な成長を目の当たりにして、「やっててよかった」

と思いました。何が子どもをそこまでに育てたかというと、やはり真剣勝負だということではないでしょうか。だからこそ、その子を仲間として参加させてあげたいと思うに至ったのでしょう。

　自分が勝ち取ったものを人に譲る……そうできることではありません。それはただ単に「消しゴムがないなら貸してあげるね」というような優しさではなくて、真剣勝負の中でこそ培われた優しさなのではないでしょうか。自己犠牲、誰かのために自分を捨てる優しさ……これを、キリスト教の教えでは愛と呼ぶのだそうです。

終 章

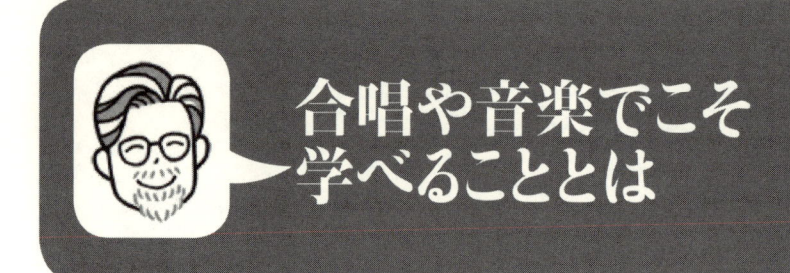

合唱や音楽でこそ学べることとは

コダーイ・メソッドのコンセプト

　私が指導の参考にしているコダーイ・メソッドは、ハンガリーの作曲家であり、音楽教育者でもあったコダーイ・ゾルターンの信念に基づいた音楽教育の理論です。自民族のわらべうたをベースにした指導やハンドサイン、「タタタン」ではなく「ティティター」と読む独特のリズム唱などはその特徴としてよく知られているところでしょう。当地にはその理想を具現化した「コダーイ音楽小学校」という8年制の学校があります。私も何度か現地に赴き、ユニークな指導のアイディアを学びつつ、その深いコンセプトに触れています。例を挙げますと、「音楽はすべての人々に与えられる教養であり、精神的な力の源」「音楽ぬきに完全な人間はありえない」とも教えられました。

　コダーイ・メソッドの理念の中心にあるのは「free」……いかに自由であることを確立していくか、です。それが、世界平和へつながっていくのです。ハンガリーをはじめ、ヨーロッパ諸国の歴史は侵略の繰り返し……自由であるため、自分たちの国を守り続けていくためには、自分を大切にしながら、他とうまく付き合う術を持たなければならないのでしょう。**コダーイ・メソッドとは音楽の専門教育ではなく、違う価値観を持った人と人とが上手に生きていく社会を作り上げるための教育なのです。**

合唱で「わかり合うこと」を知る

　その根源にあるのは「聴くこと」です。話を聴く、その内容を正しく理解するということに加え、話をしている人が本当に言いたいところ、行間を聴く。今の日本には、自分をわかってもらおうとする教育は多いですが、相手をわかろうとする教育はそれより少ない気がします。「伝える」ではなく「伝え合う」……受け取る方・渡す方、両方できなければいけないんです。一方通行ではいけません（37ページ「〈きく〉の五段活用」なども参照してください）。

　合唱活動ではその概念を、実に具体的な形で実践しますよね。合唱においては、自分が一方的に「いい子」であるだけでは不十分なのです。大きな声のAくんに小さな声のBくんが隠れてしまったら、Aくんの方に「**Bくんの声に合わせてくれる？**」と言う。そうしたらAくんは、Bくんの声に合うように自分をコントロールします。「**君はそういうこともできるんだ。すごいね！**」と褒めれば、Aくんは「人に合わせてあげる」ということの尊さを学

びます。

　その後もBくんが自信を持てるようになるまで、Aくんは付き合ってあげる。これは優しさですよね。逆にBくんの方に「Aくんのように大きな声で歌いましょう」と言っても、「まだ自信がないのに、そんなこと言われても……」とさらに委縮してしまいますし、周りを省みずに大きな声で歌うことばかりを良しとしていると、歌に限らずどんな場面でも「自分の主張ばかりすればよい」ということになってしまいます。

　「人を傷つけたい」なんて誰も思っていないはずです。優しくされたいし優しくしたい、わかってほしいしわかってあげたい。**「優しくされたい、わかってほしい」だけではなく、「優しくしたい、わかってあげたい」にも自分で気づけたら、人間はもっとうまく幸せになれるような気がするんです。**「聴き合う」は、いずれ「わかり合う」になるんです。

言葉にできないルールを音楽から学ぶ

　子どもは基本的に、何も教えられていない状態、しつけられていない状態ではワガママで自分勝手なものです。それを社会に適応させ、うまく生きていけるように育て上げることが、教育だと思うんです。たとえばものを1つ渡すのでも、投げて渡すのと両手で丁寧に渡すのではまったく違う。それも、音楽でこそ教えられることなのかもしれません。

　私がときどきやるのは、音楽に合わせてボールを受け渡す活動です（ハンガリーの幼稚園では、火のついたろうそくを使っていました）。最初のうちはタイミングよく受け取れない、渡せない。でも慣れるうちに、スムーズに受け渡しができるようになります。音楽とともに相手と呼吸を合わせ、相手の動作を予想して、渡しやすく、受け取りやすくするにはどうしたらいいか考える。それは相手の気持ちを慮ることそのものです。

　言葉で明確にできるようなものではない、「よりよく生きるために、こうした方がよい」というルールを学べるわけですね。音楽教育はそういう、人間関係に大きく関わる作用を多分に含んでいるように思えます。たとえば、「合わせる」ということを学ぶにも、それを他教科よりも実感しやすいのではないでしょうか。

感覚を磨き、感性を育てる

　音楽とは音を扱う芸術ですが、扱っているのは音だけではありません。特に合唱とは言語活動にも密接に関わる、思考と感覚をうんと使う作業なのです。音楽の中には言葉・数字・時間・空間・規律・匂い・思い……数え切れないほどの要素が関わり合います。「匂い……？」と思われたかもしれませんが、「かぐわしい音楽」というフレーズがあったり、春の歌を歌う時には花や土の匂いを音楽で表現しようとしたりするでしょう？　**音楽活動では、さま**

ざまな感覚を複合的に発揮することが求められ、感覚が磨かれるのです。

さらに、感性とは感覚を使うことで養われるものだと私は考えています。音楽教育では、感覚を研ぎ澄まし、より美しいものを選んでいく姿勢……感性というものが育ちます。

世界には、日本のような音楽の授業を設けていない国もたくさんあります。でも日本では、学校教育の中に音楽を組みこんだ。その理由を我々1人ひとりが考え、きちんとわきまえて授業にあたらないと、「学校教育に音楽はいらない」ということになってしまいます。

「家庭的な雰囲気」＝「諦めないこと」

「家庭的な雰囲気」とよくいいますね。本校のコンセプトの1つでもありますが、実際のところ、家庭的な雰囲気とは何でしょうか。和やかさやリラックスした雰囲気を指すこともありますが、私は「諦めないこと」だと思うんです。

自分の子、自分の親や兄弟だったら、ケンカはしても本当に困った時は守ろうとするし、支え合う、助け合う。特に親は子に無償の愛を注ぎますね。どんなに叱っても、親は子どもに対して絶対に諦めない。あるいは「兄弟ゲンカ」も家族だから味わえることです。他人と本気でケンカをすれば大問題になりますし、後々まで尾を引いてしまいますから。

学校における「家庭的な雰囲気」とは、子ども同士で本気のケンカをし、仲直りの仕方を学んだり、先生もしっかり叱り、しっかり褒めながら、教え育てたりすることだと思うんです。できないことをできるようにし、悪いことをしてしまったら正しい方に引っ張っていく。指導するにしても、「1回言えば直る」なんてそんな楽なことはありえません。非常に根気が要ります。それでもやっぱり諦めない……それが「家庭的な雰囲気」の意味するところではないでしょうか。

同じこと、易しいことを繰り返し、ほぼ全員が習熟するまでやる。間違いを見過ごさず、かつ追い詰め過ぎない見極めも大切。それまでは手を変え品を変えて、何度でも繰り返す。子どもの状況や反応を見て、今もっとも効果的な方法を与える。それを積み重ねて、いつか正確に直す……私が指導で大切にしていること、その根底にあるのは、やはり「諦めないこと」なのです。

生き生きした教師でいるために

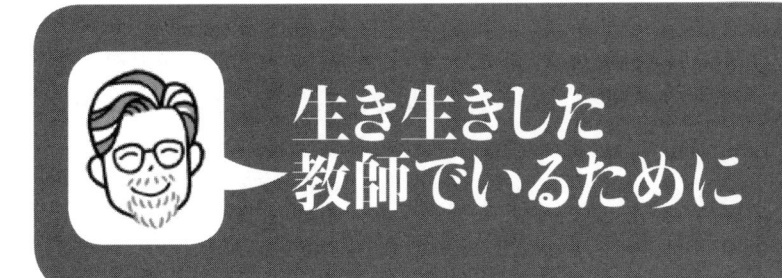

先生が変われば子どもが変わる

　たとえるなら、教師というのは臨床医です。はじめに処方ありきではなく、相手を見て対処法を考える。そのためにはキャリアが必要です。その中でも何がいちばん役に立つかというと、やっぱり「失敗」なのです。私も「どうしてできないんだろう」「どうして教えられないんだろう」「どうして叱ってばかりいるんだろう」と、自分を責めることばかりでしたもの。

　子どもにうまく教えられなかった、授業がうまくいかなかった、それが悔しいのは「自分の責任だから」ですよ。子どもが悪い、保護者が悪い、担任の学級経営が悪いと言い出しても始まらない。確かにそういう要素もあるかもしれませんが、音楽室に入ってきたら私の責任で、私が子どもを預かるんです。悔しいから工夫しようとあがきますよね。そういう意識で試行錯誤を続けていると、必ず状況は変わってきます。先生が変われば、子どもが変わります。

子どもたちの反応でルートを決める

　私の指導法は、ある意味で奔放です。初任の頃から「毎週指導案を提出しなければならない」などの決まりが特にない環境にいたので、細かく計画を立てる動機や、「予定通り授業を進めなければ」という発想があまりなかったのです。それで「目の前にいる子どもたちの反応を見ながら進める」という、いうなれば行き当たりばったりの指導法が確立したんでしょうね（笑）。

　指導でまず心がけることは、課題を見つけることです。見つけた課題に、優先順位をつける。どれを先にやるか、どの順番でやると付随して他の課題もよくなるだろうかと考えます。その上で指導を始め、いい流れが生まれて子どもが変わり始めたとしても、またうまくいかなくなることもある。そうしたら、さっと切り替えて次のルート（手立て）に行く。そこで新しいルートを思いつくこともあります。うまくいかなければ、それを長々やっていても子どもたちに負担をかけるだけなので、また次のルートへ行く。

　この切り替えができるかどうかは、やはり経験です。若いうちは切り替えるべきなのかこのまま続けるべきなのかも判断がつかないでしょうし、まして や授業計画を離れることに大きな不安を感じるでしょう。「時間内にこれをこなさなくてはならない、計画から外れるなんてとんでもない！」と、若い

先生は焦ると思います。

　でも、指導案はあくまで予定であって、子どもたちの反応次第で授業を変えていくべきだと私は思うんです。**今大切なこと、やるべきことに気づいたならそれを先にやる。重要なことは他のことを後回しにしてでもやる、という勇気も必要です。**ただしその分、押さえるべき項目を省いたのなら、そのフォローは忘れずに。

> 　若い先生方には、「はやぶさ型」の指導案を作ることをおすすめしています。小惑星探査機はやぶさ……たび重なるトラブルでコントロール不能になりながらも、なんとか地球に戻ってきたでしょう。はやぶさは、トラブルを起こすという前提で設計されたそうです。それにならい、支障が出た時にどう対応するかを、指導案を作る時点で考えておくのです。
> 　授業研究に没頭するのも結構ですが、子どもたちに与えられた音楽の時間もまた有限なのです。それならいささか乱暴なようですが、計画を完璧に組み立てようと悩むよりも前に、まず子どもたちと一緒に活動をしてみましょうよ、歌いましょうよ、音楽を聴きましょうよ、音楽を身体で味わいましょうよ……とも思うのです。

理論が自信になる

　もちろん、理論も必要ですよ。特に発声に関しては理屈を知っておいた方がいい。たとえば副鼻腔とは何か、「のどを開ける」とは何か……私はかかりつけの耳鼻科の先生に質問したり、医学書を借りたりして学びました。分厚い解剖図を苦心して入手しても、最初は目の位置や鼻の構造など、さっぱりわからなかった（笑）。それでも、何度も何度も見ているうちにわかるようになってくるんです（その成果は、49ページ「ハミングの練習」などをご参照ください）。

　ボイストレーニングで「鼻に響かせる」と言われてもそれは事実なのか、はたまた「お腹に息を入れる」のような比喩表現なのかわからず実感が持てませんが、解剖図を見ると「歯のすぐ上には上顎洞という大きい空洞がある。あっ、鼻の奥にも空洞がある。頭蓋骨は空洞だらけだ……これは声がよく響くはずだな！」と納得がいきました。この空洞が、声帯で作った声を増幅させる……バイオリンの胴と同じ、簡単な原理だったんです。そこでハミングの効果にも気づき、「そういえば学生時代にイタリアオペラのエキストラをやった時、主演の外国人歌手は楽屋やリハーサルでハミングをよくやっていたな」と思い出しました。その時は気にも留めていなかったことが、原理を知ったことで1本の糸につながったのです。

　……そんな時代を経て理屈を学んだからこそ、私は子どもたちにも先生方にも、自信を持って「ここにある」ということが伝えられるんです。

求めよ、さらば与えられん

「できない、無理！」と思いながら挑戦しても、大概のことはやっぱりできません。「私には無理」とか「そんなの普通無理だよ」と言わず、困りながらも「ああ、なんとかしたい、なんとかしたい。今はできないけど、どうにかしてできるようになりたい」と強く念じていれば、ふと名案が出てきたりする。それがいつかはわかりません。1分後かもしれないけど、多くはそんなに早くない（笑）。もしかしたら月単位、年単位になるかもしれません。それでも諦めずに思い続けていると、年度をまたぎ、新学年になってから「あっ！」とひらめくこともあります。

とはいえひらめいたとしても、最初はほとんど失敗です。成功するアイディアは1割にも満たないでしょう。うまくいったら、それはもう自分のものです。本校は1学年に3クラスありますが、3クラスとも成功したらそれは本物。1クラスだけなら、ただの偶然かもしれないし、そのクラスの何かがその方法に合っていたのかもしれない。

「求めよ、さらば与えられん」と聖書にもあるとおり、困るからこそいつもそのことについて考える、テーマや課題を持ち続ける……すると、**悩んで悩んで悩みぬいて、「もうダメだー！」という時にふと出会うんです**。これもやっぱり、諦めないことが大切なんです。

ノウハウの集積が、メソッドになる

諦めずに指導を続けていくうちに、「こういう状態の子には、こんな対処をしたらうまくいく確率が高い」「この方法をとれば、大概の子はここまでできるはず」というノウハウが、だんだん掴めるようになってきます。それが蓄積され、体系化されて、自分のメソッドになる。

そのためには、いろいろな先生方の指導を聴いて見て学ぶと同時に、それを実践しながらまた自分のものをつくり上げていくことです。やってみてうまくいけばそのまま使えばいいし、うまくいかなければ、自分の目の前にいる子どもたちには合わないか、何かが違っているということでしょう。そうやってトライ＆エラーを繰り返しながら、自分の強み・弱みや、指導する学校の特性に合ったメソッドをつくり上げていけばいいのです。

一朝一夕にはいきません。**コツコツコツコツ積み上げてゆくものですよ**。先生も子どもたちと一緒に、ゆっくり成長していけばいい。そして、子どもたちだけではなく我々教師にも、ある時に突然、殻を破ってぐんと進むような瞬間があります。

やさしさときびしさを胸に

「やさしさときびしさ」……それが私の座右の銘です。本校には、「困苦や欠乏に耐え、進んで鍛錬の道を選ぶ、気力のある少年以外はこの門をくぐってはならない」という校訓があります。学ぶ場とは本来厳しいものなのです。

先生と子どもは師弟関係であって、友だちではありません。 日頃友だちのような関係を作っておいて、いざという時に「言うことを聞かなくて困る」なんていうのは自業自得です。

「蓮沼先生は厳しい」と子どもたちは言います。でも、子どもたちを萎縮させるような厳しさではいけない。子どもが発奮したり、溌剌としたりするような厳しさが理想的です。もちろん、それを子どもに教えるからには、まず教師側が自分に厳しい姿勢でいなければなりません。先生は「先に生まれたから先生」なのではなく、「先んじて生き生きと生きる」から先生なんです。

続けてよかったと思える日が来る

私は「やせ我慢」というのが大好きなんです。教師として、元気に頑張っている姿を子どもと保護者の前では保っていたい。少なくとも、そういうことを心がけることが大切だと思うんです。でも、たくさんの校務や予想外の対応などで、疲れきっている先生もいるでしょう。どうにもならないこともあると思いますが、そういう時にも対応できる知恵と、体力と、心の強さ……それをぜひ、若い先生には身につけてほしいなと思いますね。

もちろん、人間は疲れます。疲れた時にやめるかやめないかは自分次第です。でも、悪いことは言わないから、続けてごらんなさい。必ずよかったと思える日が来るから。今辞めなくても、定年や環境の変化などで、仕事を辞める日はいつか必ず来ます。その時に「ああ、自分はいい仕事を続けられたな」って思えるから。**どうしようか悩んでいるなら、辞めるのではなく少し休んだらいい。** そうして元気になったら、また動き出せばいいんですよ。

私はいったん定年を迎え、現在は再雇用の身ですが、長い教員生活、苦しいこともあれば理不尽なこともありました。でもおよそ40年この仕事を続けてきて、結果、私はこの仕事を続けてこられて幸せだった、と心から思っているんです。

おわりに

　様々な講習会にお招きいただく機会がありますが、そのいずれでも、特に若い先生に知っていただきたいことをお話ししている気がします。定年を迎えるころから、「かつて自分がどうだったか」と振り返ることが多くなりました。そうとうちゃらんぽらんでいい加減だったな、でも教師を続けているうちに、こんなこともできるようになったな、あんなこともできたな、こうすればこうなったな……そのうちに、次の世代の先生方のために自分ができること、役に立てることは、自分が失敗した時にどうやって立ち直ったかを言い伝えることなのではないか、という思いに至りました。大げさに言うならば、「自分が消える前に何が遺せるだろう」と考えたわけです。

　どんな分野にも当てはまることですが、何がしか自分で功績を立てられた先生は、そのノウハウを形として残す努力をすべきだと思います。ご自身でどんなにいい教育を実践されても、後に続けられなければ意味がありません。それは、周囲の応援を得てめざましい活躍をなさった先生方の、もう1つの使命なのではないでしょうか。

　筆録・編集を担当する小島さんとのやりとりでは、子どもたちと私との一瞬のできごとが、まるでCTスキャン画像のように可視化されていくのを実感しました。主観的な曖昧さを取り除くように鋭く突きつけられ、その過程で、もや〜っとしていたものが輪郭を見せ始め、鮮やかに現れ始めてくる。そんなやりとりを何度も積み重ね、本書が形になりました。

　自分では当たり前だと思っていたことが、特別なことだったんだと気づいて驚いたり喜んだり、無意識に行っていたことの意味が、文字という媒体を通して浮き出てくる。そうすると、自分の足りないこともはっきりしてくるのです。自分が意識して行っていることなど、氷山の一角に過ぎないのですね。氷山の下に潜るダイバーだけが見られる世界に誘われ、地上で想像するより遥かにすばらしい光景、自分だけでは決して見ることのない世界を見ることになりました。

　諦めず叱咤激励（叱咤はなかったかな）してくださった、担当編集の小島綾さん、ありがとうございます。また、この編纂に携わってくださいました、イラストレーターの森シホカさん、デザイナーの廣田清子さん、そして最後になりましたが、『教育音楽』編集長の岸田雅子さんをはじめ編集部の皆さまのご協力に感謝申し上げます。

2014年7月吉日　蓮沼勇一

［著者プロフィール］
蓮沼勇一（はすぬま・ゆういち）

1952年福島県出身。1975年国立音楽大学卒。声楽を鈴木惇弘、平良栄一、指揮法を小松一彦、河地良智諸氏に師事する。1991年より国立音楽大学教授（当時）小林光雄氏に合唱指揮、及び合唱教育指導法を師事する。
現在、私立暁星小学校教諭・全日本合唱教育研究会常任理事。

〔受賞歴〕
第8回音楽教育振興賞（助成部門）
1996年から5年連続でNHK全国学校音楽コンクール全国コンクール小学校の部に出場し、金賞4回、銀賞1回を受賞。TBSこども音楽コンクールでは、2005年に文部科学大臣奨励賞、1994年と1997年に審査員特別賞を受賞。

〔出版歴等〕
DVD『白ヒゲ先生の合唱指導』（(株)ワイ・イーピー）監修指導　ほか

音楽之友社
音楽指導ブック

［音楽指導ブック］
白ひげ先生の　心に響く　歌唱指導の言葉がけ

2014年8月10日　第1刷発行
2015年4月30日　第2刷発行

著　者	蓮沼勇一
発行者	堀内久美雄
発行所	株式会社　音楽之友社
	〒162-8716　東京都新宿区神楽坂6-30
	電話　03(3235)2111（代表）
	振替　00170-4-196250
	URL　http://www.ongakunotomo.co.jp/
ブックデザイン	廣田清子 (office SunRa)
組版	office SunRa
イラスト	森 シホカ
構成	小島 綾
印刷	岩佐印刷所
製本	ブロケード

©2014 by Yuichi HASUNUMA
Printed in Japan

この著作物の全部または一部を権利者に無断で複製（コピー）することは、著作権の侵害にあたり、著作権法により罰せられます。
落丁本・乱丁本はお取替えいたします。
ISBN 978-4-276-32157-1 C1073